沙盘模拟企业经营实训教程

宋洪安　王林清　主　编

李志强　王兴国　陈志辉　崔东霄　副主编

清华大学出版社

北　京

内 容 简 介

本书以全国技能大赛中职组财经商贸类专业"沙盘模拟企业经营"项目为出发点，以用友新道科技有限公司的 ERP 沙盘模拟企业经营系统 V5.0 版本为依据，完整满足中职学校财经商贸类专业开展"模拟企业经营"实训活动的需求。本书模拟由学生组建多个经营团队，创建并经营一个虚拟的制造型企业，模拟制造型企业的生产经营活动全过程；根据企业职能分为营销与规划中心、生产中心、物流中心和财务中心等职能部门，按照集体参与→沙盘载体→模拟经营→对抗演练→个人感悟等一系列环节进行 4~6 年的仿真经营实践演练，使学生切实体验生产经营流程及管理规律，认知企业本质，拓展眼界，增强团队意识，全面提升职业素养。

本书可作为中等职业学校财经商贸类专业企业经营模拟综合实训教程，也可作为创新创业培训的教程使用，还可作为企业相关人员的培训用书。

本书封面贴有清华大学出版社防伪标签，无标签者不得销售。
版权所有，侵权必究。举报: 010-62782989　beiqinquan@tup.tsinghua.edu.cn。

图书在版编目(CIP)数据

沙盘模拟企业经营实训教程/宋洪安，王林清主编. —北京: 清华大学出版社，2021.2（2024.7重印）
ISBN 978-7-302-57562-7

Ⅰ. ①沙… Ⅱ. ①宋… ②王… Ⅲ. ①企业管理—计算机管理系统—教材 Ⅳ. ①F272.7-39

中国版本图书馆 CIP 数据核字(2021)第 028944 号

责任编辑：刘金喜
封面设计：常雪影
版式设计：孔祥峰
责任校对：马遥遥
责任印制：刘海龙

出版发行：清华大学出版社
　　　　网　　址：https://www.tup.com.cn，https://www.wqxuetang.com
　　　　地　　址：北京清华大学学研大厦 A 座　　　邮　　编：100084
　　　　社 总 机：010-83470000　　　　　　　　　邮　　购：010-62786544
　　　　投稿与读者服务：010-62776969，c-service@tup.tsinghua.edu.cn
　　　　质 量 反 馈：010-62772015，zhiliang@tup.tsinghua.edu.cn
印 装 者：三河市铭诚印务有限公司
经　　销：全国新华书店
开　　本：185mm×260mm　　　印　　张：13.5　　　字　　数：312 千字
版　　次：2021 年 3 月第 1 版　　印　　次：2024 年 7 月第 4 次印刷
定　　价：48.00 元

产品编号：088765-01

编委会

主　任：杨笑蕾　　陈　攀

成　员：李志强　　杨　飞　　许　良

　　　　王林清　　宋洪安　　王兴国

　　　　陈志辉　　崔东霄　　张　丽

前　言

　　为了适应中等职业教育教学改革和课程建设的需要，加强实践环节的教学工作，提升学生的专业技能水平，本书提供了高度仿真实训演练，旨在让学生体验生产经营活动全过程，感悟经营活动的魅力，夯实所学专业知识和技能的功底，进一步增强团队意识，全面提升职业素养。鉴于全国技能大赛中职组财经商贸类专业"沙盘模拟企业经营"项目的设立，以及沙盘实训课程在各个学校的普遍开展，为弥补中职相关教材教程的空缺，满足实训训练活动的需要，在山东省济南商贸学校的大力支持下，编者以用友新道科技有限公司的 ERP 沙盘模拟企业经营系统 V5.0 版本为依据编写了本书。

　　全书以任务导向式教学模式，设置了任务书、学习资料、经营实践等内容，以教学需求为根本，以实训过程为主线，资料翔实，表格等工具配备全面，方便教学使用。本书内容紧密结合中职学生教学实际，注重实训活动的开展和职业技能的培养，以利于学生在实践中提高专业技能，并在学习中成长。

　　本书根据中职学生的心理发展特征，在编写中力求先易后难、循序渐进，以便教与学得以顺利实施，提高学习效率。本书的编写，一是以实训为主线，突出实践性；二是内容简单明了，重点突出，适用于起点较低、相关知识比较欠缺的中职学生使用；三是按照实训进程配套相关资料，适应了教学的实际需要。

　　本书课程学时建议为 36~72 课时，可采用连续一两周集中授课的方式，也可以每周连排 4 节，一次完成部分模拟经营活动，12~18 周完成整个教学任务。

　　本书设置了 38 个任务书，可根据实训活动的需要、团队特征、担任岗位职务、承担业务任务、个人需求等情况，选择完成其中的部分任务。

　　课时分配建议如下：

实训内容	课　时	备　注
第一轮　基础知识和模拟经营操作的学习	14	（可集中 2 天）
第二轮　专业知识和模拟经营技术的掌握	10	（可集中 1.5 天）
第三轮　技术探究和模拟经营活动的竞赛	10	（可集中 1.5 天）
研讨与讲评	2	
合　计	36	

　　本书由宋洪安、王林清担任主编，李志强、王兴国、陈志辉、崔东霄担任副主编，此外，杨笑蕾、杨飞、许良、丁红丽、邢国琼等老师参与了指导和编写工作。在编写过程中，得到了山东省济南商贸学校、用友新道科技有限责任公司山东公司的大力支持，在此表示诚挚的谢意。书中的部分表格及图片源于用友公司的 ERP 教学软件系统，书中还引用了其他著作的部分观

点，在此一并表示感谢。

本书可作为中等职业学校财经商贸类专业的综合实训教程，也可作为企业相关人员的培训参考用书。

由于编者水平有限，本书难免存在缺憾之处，恳请读者提出宝贵意见，以便今后进一步修改完善，使本书更加适应中职教学的实际需要。

编　者

2020 年 7 月

目 录

上篇 学习资料

第一单元 基础知识 ... 3
模块一 模拟企业经营简介 ... 3
　　任务1　认知企业，认识 ERP 沙盘 ... 3
　　任务2　认识模拟企业经营活动 ... 7
模块二 企业的创建 ... 10
　　任务3　认知企业结构，组建经营团队 ... 10
　　任务4　创立虚拟企业，明确岗位分工 ... 12
模块三 模拟企业运营规则 ... 14
　　任务5　学习运营规则，了解创新发展 ... 14
　　任务6　明确岗位职责，掌握业务规则 ... 21
模块四 企业经营环境 ... 22
　　任务7　认识订单要素，储备丰富知识 ... 23
　　任务8　认知市场环境，把握竞争环境 ... 24

第二单元 学习经营 ... 29
模块一 第1年经营 ... 29
　　任务9　学习战略规划，制订年度计划 ... 29
　　任务10　完成第1年年度经营操作 ... 31
　　任务11　学习资金会预算，合理融资增收益 ... 36
模块二 第2年经营 ... 38
　　任务12　研读询盘资料，明晰竞争环境 ... 38
　　任务13　完成第2年年度经营操作 ... 41
　　任务14　制定营销规划，学习销售技术 ... 54
模块三 第3年经营 ... 58
　　任务15　查看广告定策略，科学、合理地选取订单 ... 58
　　任务16　完成第3年年度经营操作 ... 60
　　任务17　完善生产管理，保障合理供给 ... 64
模块四 第4年经营 ... 68
　　任务18　完成决算出报表，明晰途径增利润 ... 68
　　任务19　完成第4年年度经营操作 ... 73
　　任务20　沟通合作创佳绩，内部激励谁争锋 ... 76

第三单元　技能提升 ... 81

模块一　总经理 ... 81
　　任务 21　制定发展战略，确定经营指标 ... 81
　　任务 22　计划落实有策略，调整措施保战略 ... 84
　　任务 23　团队合作，其利断金 ... 85

模块二　财务总监 ... 89
　　任务 24　精于预算保收益，胆大心细防风险 ... 90
　　任务 25　精打细算管现金，账目清晰报表准 ... 91
　　任务 26　费用控制成本减，增加利润权益高 ... 92

模块三　营销总监 ... 95
　　任务 27　分析市场明需求，高超营销得胜绩 ... 95
　　任务 28　攻克难点，巧妙投放广告 ... 101
　　任务 29　精细快速反应，选取适宜订单 ... 102

模块四　运营总监 ... 104
　　任务 30　掌握产品知识，开展产品管理 ... 105
　　任务 31　编制生产计划，科学成品管理 ... 107
　　任务 32　合理供给原料，进行供应管理 ... 109

模块五　企业经营分析 ... 109
　　任务 33　企业经营分析，获取经营技术 ... 109
　　任务 34　经营实际分析，探索发展关键 ... 115

❀ 下篇　任务篇 ❀

实训任务书 1 ... 122
实训任务书 2 ... 123
实训任务书 3 ... 124
实训任务书 4 ... 125
实训任务书 5 ... 126
实训任务书 6 ... 127
实训任务书 7 ... 128
实训任务书 8 ... 129
实训任务书 9 ... 130
实训任务书 10 ... 131
实训任务书 11 ... 134
实训任务书 12 ... 135
实训任务书 13 ... 136
实训任务书 14 ... 139
实训任务书 15 ... 140
实训任务书 16 ... 141
实训任务书 17 ... 144
实训任务书 18 ... 145
实训任务书 19 ... 146

实训任务书 20 ·· 149
实训任务书 21 ·· 150
实训任务书 22 ·· 151
实训任务书 23 ·· 152
实训任务书 24 ·· 153
实训任务书 25 ·· 154
实训任务书 26 ·· 155
实训任务书 27 ·· 156
实训任务书 28 ·· 157
实训任务书 29 ·· 158
实训任务书 30 ·· 159
实训任务书 31 ·· 160
实训任务书 32 ·· 161
实训任务书 33 ·· 162
实训任务书 34 ·· 163
实训任务书 35 ·· 164
实训任务书 36 ·· 182
实训任务书 37 ·· 200
实训任务书 38 ·· 201

参考文献 ·· 204

上 篇

学习资料

第一单元 基础知识

模块一 模拟企业经营简介

任务1 认知企业，认识 ERP 沙盘

ERP(Enterprise Resource Planning，企业资源计划)沙盘模拟制造型企业生产经营全过程，将生产经营过程系统化，是认知企业、体验管理的实践型课程，是一门集理论与实践于一身的综合性课程。

ERP 沙盘模拟以沙盘、信息化管理工具为实训载体，开展竞技式团队协作实战，综合运用知识和技能，培养职业能力，提高分析能力、沟通能力、协作能力、决策能力和创新能力，并且尝试结合信息化管理工具进行企业经营管理，明确展现手工环境和信息化两种环境的不同，实现分角色岗位体验。

ERP 沙盘模拟通过使用模型道具模拟企业实际经营过程，利用物理沙盘或电子沙盘进行 4~6 年的模拟经营，达成对企业经营全过程及全方位系统化的企业认知和相关学习。

一、企业

1. 企业概念

企业是从事生产、流通、服务等经济活动，以生产或服务满足社会需要，实行自主经营、独立核算、依法设立的一种营利性的经济组织。例如，制造型企业，主要生产加工有社会需求的产品。

企业是市场经济活动的主要参与者。市场经济活动的顺利进行离不开企业的生产和销售，脱离了企业的生产和销售，市场就成了无源之水、无本之木。

企业是社会生产和流通的直接承担者。企业的生产状况和经济效益可以直接影响国家的经济实力和人民的物质生活水平。

企业是社会经济技术进步的主要力量。由于市场竞争的需要，企业也是先进技术和先进工具的积极采用者和制造者，推动了整个社会经济技术的进步。

2. 企业经营

企业经营是指以企业为载体的物质资料经营活动，是企业经营者为了获得最大的物质利益，用最少的物质消耗，创造出尽可能多的能够满足人们各种需要的产品的经济活动。

ERP沙盘模拟与现实社会中的企业经营并不完全一样，沙盘模拟高度概括企业经营过程，简化现实企业经营环节，变通有关规则，所以不能将模拟企业等同于现实企业。

ERP沙盘模拟企业经营的过程：年度订货→购买原料→组织生产→产成品交付客户→收回货款→财务报告。通过经营活动获得利润，使所有者权益最大化。

3. 企业经营管理

企业经营管理是对企业的生产经营活动进行组织、计划、指挥、监督、调节等一系列职能的总称。企业经营管理涉及企业整体战略管理、营销管理、供应管理、生产管理、财务管理及人力资源管理等内容。

二、ERP沙盘模拟

1. ERP沙盘模拟概述

ERP是集企业物资资源管理(物流)、财务资源管理(资金流)、信息资源管理(信息流)、人力资源管理(工作流)、时间资源管理为一体的企业管理软件系统。

沙盘一词起源于战争模拟推演，它采用各种模型来模拟战场的地形及武器装备的部署情况，通过模拟推演敌我双方在战场上的对抗与较量，发现敌对方在战略战术上的弱点，明确可行策略，从而制定有效的作战方案。

ERP沙盘模拟把企业经营的内、外环境抽象为模拟经营的规则，由学生组成数个相互竞争的团队，模拟经营企业4~6年。

ERP沙盘模拟让学生通过自主参与→沙盘载体→模拟经营→对抗演练→感悟感想等一系列的实践环节，在分析市场、战略制定、营销策划、组织生产、财务管理等一系列活动中，感悟科学的管理规律，培养团队精神，全面提升管理能力。同时ERP沙盘模拟也是学生对企业资源管理全过程系统化的一个实际体验。

2. ERP沙盘模拟资源简介

ERP沙盘模拟把企业内、外环境抽象为规则、虚拟市场，将制造型企业的实物抽象为模型、卡片，以字母、数字替代实际物品等。

1) 企业界面

ERP模拟沙盘的企业界面也称作盘面，用以表达整个企业架构与资源，如图1-1所示。

模拟沙盘盘面按照制造企业的职能部门划分了职能中心，包括营销与规划中心、生产中心、物流中心和财务中心。

2) 市场环境

ERP沙盘模拟中的经营环境：针对用户需求及对产品的要求，ERP沙盘模拟用统一格式的订单来表达市场需求，以详细订单形式来传达客户需求。订单内容包括编号、需求年份、所在市场、需求产品、数量、总价、交货期、账期、ISO 要求等。

ERP 模拟沙盘用市场预测来说明市场整体需求情况，提供给加工企业来研判市场。多数情况下市场预测包括需求量预测、均价预测、订单数量预测 3 种。

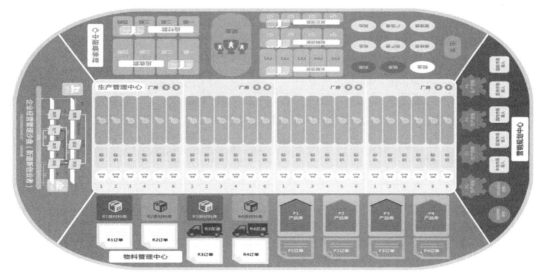

图 1-1　ERP 物理沙盘中职版企业界面图

3) 企业内部资源

货币：以 W 为单位；原材料：有 R1、R2、R3、R4 等不同品种；产品：有 P1、P2、P3、P4 等不同品种；生产设备种类：有手工线、半自动线、自动线、柔性线、租赁线等不同种类；厂房种类：有大厂房、中厂房、小厂房等不同类别；市场种类：有本地、区域、国内、亚洲、国际等不同类别；资格证书：有 ISO 证书、生产资格证、市场准入证等。部分资源的物理沙盘模型如图 1-2、图 1-3 所示。

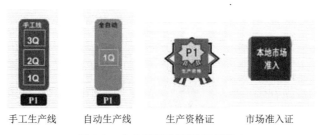

手工生产线　　自动生产线　　生产资格证　　市场准入证

图 1-2　企业资源物理沙盘模型 1

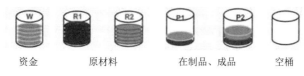

资金　　　原材料　　　在制品、成品　　　空桶

图 1-3　企业资源物理沙盘模型 2

在模拟经营活动中需要的物理模型，如表 1-1 所示。

表 1-1　ERP 模拟沙盘物理模型

名称	模型	表示内容
生产线	彩色纸板模型	手工生产线、自动生产线等
生产标示	彩色纸板模型	产品类型
订单	图片、表格形式	企业从市场获得的订单
灰币	硬币型灰色塑料币	资金，1 个灰币表示 1W
彩币	硬币型红、绿色塑料币	分别表示不同原材料
空桶	圆柱形塑料桶	原料订单、贷款
产品资格证	彩色纸板模型	生产资格证书
市场准入证	彩色纸板模型	拥有准入证可销售产品
ISO 认证	彩色纸板模型	资质认证证书

4) 其他说明

厂房：厂房位于模拟沙盘的企业界面的生产中心。

时间单位：企业经营的时间单位为季度，用"Q"或"季"表示，一年有 4Q 或 4 季。

模拟经营时间：一轮模拟经营为 4~6 年，在经营前明确。

订货会选单回合：在选取订单过程中，一个市场与产品的组合叫一个回合，如本地 P1、本地 P2、区域 P1、区域 P2 不同选单回合等。

简易计量：一个彩币桶装满可以装入 20 个币，以方便计量现金数量。

资源获取：企业资源领取处一般位于实训室前方，由企业自主决定是否领取。

3. ERP 沙盘模拟的特点

(1) 以简代繁。用直观、简单的实物模型体现企业经营的复杂环节。

(2) 以小见大。以小的企业团队模拟实践现实企业的具体经营过程，便于从整体上全面认识企业经营管理活动。

(3) 决策决定成败。任何企业都有其企业战略和决策，决策不同，策略会有差别，具体的经营活动就会产生差异，导致经营结果的不同，从而决定企业的成败。

(4) 用数据说话。事实胜于雄辩，战略的优劣、策略的好坏、措施的成败，一切都由数据来证明，用实践来检验。ERP 沙盘模拟企业经营的实践，即具体模拟经营活动及结果是用数据来说明的。

4. ERP 电子沙盘

ERP 的产生和发展基于信息技术的高度发达，ERP 沙盘模拟建立在计算机信息处理的基础上，沙盘的后台有着强大的经营分析能力等。ERP 电子沙盘具有独特的优势，在模拟经营的比赛中有着不可替代的地位。

ERP 沙盘模拟电子沙盘在形象直观的同时，将选单、经营过程、财务报表等自动进行生成。电子沙盘对经营过程进行自动控制，企业团队不能更改操作顺序、不能随意反悔操作；自动核对现金流，避免随意挪动现金的现象，真实反映企业经营过程；现金交易活动自动进行，避免摆放和移动模拟物品带来的错误；自动进行操作合法化的验证，避免不诚信和作弊现象的发生。系统后台有各个企业经营过程的详细记录，便于教师掌握实际情况。有师生对话平台，可以实现实时互动，及时解决学生的困惑和问题。

"创业者"电子沙盘学生端界面，以按钮形式放置了企业信息和企业经营的全部操作环节，如图 1-4 所示。为避免无序操作，在各个阶段分别设置部分可操作按钮，即只有界面上亮色的按钮允许操作。部分环节只允许进行一次操作，无法修改，一旦执行就不能更改，实现时间不许倒流的控制。

图 1-4 "创业者"电子沙盘学生端界面

盘面上有企业组织架构、厂房及生产设备、基本经营信息，也有市场开拓、产品研发信息，同时还有规则查询功能，方便在经营过程中随时查看。

任务 2　认识模拟企业经营活动

一、模拟企业经营

新道新创业者沙盘系统 V5.0(以下简称新创业者沙盘)是一款针对中职院校财经商贸类专业教学而设计的企业经营管理综合模拟实训系统。企业经营管理综合模拟实训是指在训练过程中由 4 或 5 名学员组成一个团队，合作完成一个制造型企业从建厂开始，到投入生产，再到正常运营，经历完整的 6 年模拟企业运营活动。

新创业者沙盘针对总经理、财务总监、营销总监、运营总监等岗位，以生产制造型企业运营全过程的管理作为训练内容。

每一年模拟企业经营的过程：年度订货→购买原料→组织生产→产成品交付客户→收回货款→财务报告，通过以上经营活动获得利润。学生通过模拟 4~6 年一轮的企业运营全过程，完成生产管理、采购管理、营销管理、财务管理、战略管理等方面的实训任务，能够充分了解企业的运营流程和业务流程，掌握企业经营过程中不同领域的基本管理能力。

在模拟经营过程中，胜利者会有成功的喜悦，失败者也会有遗憾，无论胜负都会给学生留下深刻的印象，领悟出经营的本质，达到积累企业管理经验的目的。即便是经营失败，也不会对企业和个人造成任何实质性损害，从而可以完成现实中不能实现的全方位实践活动。

二、明确实训意义，知悉参与方法

ERP 沙盘模拟企业经营实训活动中，学生可以清晰地看到模拟企业的信息流、物流及资金流的变化过程，体验企业的经营管理。

实训活动集体验、实践、互动、对抗于一体的教学模式，大大提高了学生学习的积极性；简洁友好的软件风格，操作简单、易学易用；增设经营分析功能，降低授课学习难度，满足不同层次、不同领域的专业训练需求。ERP 是对企业管理的全方位展示，综合了制造型企业经营管理的各个方面，使学生在多个方面受益。

1. 拓展知识体系

(1) 全面认知企业。了解企业的组织架构设置，各个机构的职责和职能，了解企业管理体系及各个体系之间的协作过程，帮助学生对未来的职业方向建立基本的认知。

(2) 开阔视野。立足学生实际，综合会计、营销、计算机、物流、管理等相关知识，开阔学生的视野。

(3) 跨越多门学科。该课程融合了会计、营销、物流、管理等多专业的知识内容，结合学生所学专业知识，认知本专业的地位、作用，激发学生学习专业的兴趣，实践和应用所学专业知识，提高学生综合能力。

2. 信息管理的思维方式

企业经营的成败取决于战略与决策，企业的决策制定源于数据，数据来源于信息系统。学生可以体验企业信息化实施过程，感受关键点，体会企业信息管理的重要性。

3. 全面提高职业认知

(1) 个性与职业定位。每个个体因为拥有不同的个性而存在，这种个性在 ERP 沙盘模拟对抗中会显露无遗。虽然个性特点与胜任角色有一定关联度，可如果被分配到不那么满意的职位，学生也需要发挥"干一行"就"爱一行"的良好传统。

(2) 竞争与共赢。市场竞争是激烈的，也是不可避免的，但竞争并不意味着不可共存，寻求与合作伙伴之间的双赢、共赢才是企业发展的长久之道。这就要求企业知彼知己，在市场分析、竞争对手分析上做足文章，在竞争中寻求合作，才会有无限的发展机遇。

4. 提升综合素质

(1) 保持诚信。诚信是一个企业立足之本、生存之本、发展之本，是企业的生命。保持诚信是将来立足社会、发展自我的基本素质。

(2) 团结合作。通过 ERP 沙盘模拟对抗课程的学习，学生可以深刻体会到团队协作精神的重要性。在这里，每一个角色都要以企业整体利益为出发点，各司其职，相互协作，才能赢得竞争，实现目标。

(3) 感悟人生。在市场的残酷与企业经营风险面前，是"轻言放弃"还是"坚持到底"，这不仅是一个企业可能面临的问题，更是我们在人生中不断需要抉择的问题。

5. 提高综合素养

(1) 丰富管理知识。在模拟经营过程中涉及诸如企业战略管理、财务管理、市场开拓管理、销售管理、产品研发管理、生产管理、供给管理、人力资源管理等知识。

(2) 提升管理水平。通过沙盘模拟课程，可以提高团队成员的决策能力及长期规划能力，进一步理解决策对企业经营的影响力，从而提高学生的经营管理能力。

模拟企业经营需要学生具有一定的分析能力、观察能力、计算能力、临场应变能力、操盘能力和决策能力，通过 ERP 沙盘模拟，学生可进一步培养这些能力。

三、沙盘模拟企业经营的学习方法

沙盘模拟作为一种体验式的教学方式，是继传统教学及案例教学之后的一种教学创新。借助 ERP 沙盘模拟，可以强化学生的管理知识、训练管理技能，全面提高学生的综合素质。沙盘模拟教学融理论与实践于一体、集角色扮演与岗位体验于一身，可以使学生在参与、体验中完成从知识到技能的转化。

在 ERP 沙盘模拟中，学生只要积极参与，就能展示才华，得到教师的表扬和肯定，赢得同学的赞扬及羡慕。在学习过程中，学生应当注意以下几点。

(1) 亲力亲为。学生要全程参与企业的模拟经营过程，获得经营企业的切身体验。

(2) 携手共济。团结合作是 ERP 沙盘模拟课程的一大特点，学生要学会沟通，善于交流，团结协作，共同努力才能将企业做好。

(3) 开阔思维。本课程要求思维有方，学会思考，意会精神，参悟本质。如果学生参悟到实质性内容，在将来的工作、创业中会受益终身。

(4) 知错能进。"失败是成功之母"，模拟经营中谁犯的错误越多，谁的收获就越大；谁犯的错误越严重，谁的收获就越深刻。"痛并快乐着"将是学生最大的感受。

(5) 实践出真知。在相同的规则、逻辑下，对一个具体问题有不同认识，进而产生不同的解决方法、解决途径，落实于行动才能检验学生的才干。

(6) 感悟最重要。无论是感悟人生还是参透企业经营的本质，首先要去感悟。学生可以在评价总结中得到提高，在反思改进中实现成长。

四、模拟企业经营比赛活动简介

随着时代的进步和科技的发展，ERP 沙盘也在不断完善，并得到了迅猛的发展。用友公司及用友新道公司的中职版 ERP 沙盘从挑战者 V2.0 版发展到 V5.0 版。

学习 ERP 沙盘模拟之后，学生可以参加课外兴趣小组，进一步学习和提高技术、技能。平时练习时，学生可以组队参加网上的比赛，增加实战经验，锻炼团队的模拟经营实力，提高经营技巧。学校组织校内比赛时，学生就有机会一展身手。

用友新道科技股份有限公司自 2009 年起，每年举办一届"用友杯"全国中职中专企业经营沙盘模拟大赛总决赛,有兴趣的同学可以通过学校的选拔参与其中。

全国职业院校技能大赛中职组于 2015 年起设有"沙盘模拟企业经营"比赛项目,并延续至今。虽然项目依旧,但大赛组委会不断创新赛制和更新规则,保持了比赛的深度可玩性和吸引力,得到了老师和学生的一致认可和赞誉。

模块二 企业的创建

任务 3 认知企业结构,组建经营团队

一、企业组织结构

企业的设立需要一定的条件,在沙盘模拟中简化要求,通过构建一个团队,设立一个制造型企业。一个制造企业的正常运营,需要多部门的共同合作,企业的模拟经营需要组织一个分工明确、团结上进的和谐团队。

企业经营管理中的各项职能由不同的部门履行,各部门在管理工作中分工协作,在职能、职责、权利、义务方面形成的结构体系就是企业组织结构。任何企业都有与之相匹配的组织结构,企业组织结构是保证企业正常经营运转的基本条件。在 ERP 沙盘模拟企业中,采用图 1-5 所示的企业组织结构。

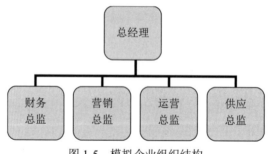

图 1-5 模拟企业组织结构

二、企业主要管理部门

1. 总经理室

总经理是企业的总负责人,是整个团队的领导者和带头人。其主要任务是:负责制定和实施公司的总体战略和年度经营计划;建立、健全公司的管理体系和组织机构;主持公司的日常经营管理;进行公司的模拟经营操作;实现公司的经营管理目标和发展目标。

企业的战略目标和规划等重要决策,由总经理带领团队全体成员共同决定。如果出现意见不一致,则由总经理最终决定。总经理还要从机构、流程、人员、评价、激励等方面优化管理,并组织团队成员进行团队内部评议,对每一位公司职员给出合理、公平、公正的评价。

2. 财务部门

若资金是企业的"血液",财务部门就是企业的"心脏"。财务部门参与企业重大决策、方案的讨论与制定,做好企业的资金预算,进行每一笔资金进出的具体操作。

财务主管要对企业的资金进行预测、筹集、调度、使用、监控。其主要任务是:管理好现金流,确保现金不断流,规避企业破产;按照需求支付各项经营费用,核算成本;进行现金预算,采用经济合理的方式筹集资金;做好财务分析,控制成本费用,管好、用好资金。

会计主管的主要任务是:负责日常现金收支的记录;检查企业经营状况,核算企业的经营成果;做好成本分析,控制成本费用;定期清查现金、盘点存货,保证账实相符;具体编制产品核算统计表、综合费用明细表、利润表、资产负债表等;按时报送财务报表。

3. 销售部门

销售收入给企业带来利润,实现销售是企业生存和发展的关键。营销主管负责进行市场开发,获取市场准入;进行需求分析、市场预测,确定部门的营销目标;制订销售计划和预算;进行产品销售;开展销售业绩分析与评估。

占有市场才能销售产品,收回货款才能实现利润,赢得竞争才能生存和发展。营销主管的主要任务是:结合市场预测和客户需求制定市场竞争策略,制订销售计划;有选择地、合理地进行广告的投放,取得符合企业生产能力的订单,配合生产管理,按时交货,及时收回货款。

4. 生产部门

产品是实现销售的前提,销售带来利润,可如果没有产品,何来利润?生产主管的主要任务是:进行产品研发;制定产品及生产策略,制订生产计划;组织落实生产任务;合理配置生产资源,保证及时、合理地进行交货;主动降低成本,确保正常生产。

生产主管通过计划、组织、控制实现企业资源的最优化配置,为企业创造最大的经济效益。生产主管负责产品研发,进行正常生产,维护生产设备,必要时进行生产设备的变更,同时进行成品库的管理。

5. 供应部门

原料是生产的保证。供应主管的主要任务是:负责各种原料的及时采购并安全保管,确保企业生产的顺利进行;编制采购计划,进行适时采购;确保在合理的时间采购到合适的原料;进行原料管理;进行库存统计、及时消化库存等库存管理工作,保障企业生产的顺利进行。

6. 人力资源部门

人力资源是指人力资源管理工作,包含六大模块:人力资源规划、招聘、培训、绩效、薪酬和劳动关系。人力资源部门是公司的一个重要部门,公司的人员招聘、培训、职员的考核、职员的薪酬、职员调动等都与人力资源部门有关。

三、经营团队的组建

企业经营模拟团队由 4~7 人组成,团队成员包括总经理、财务总监、营销总监和运营总监等。

首先推选企业的总经理,其是一个企业的领头人,全面负责团队活动。总经理要有一定的领导能力,有主见,会团结,能公平、公正地对待团队的每一个成员。

总经理人选确定后,要发表就职演说,阐述领导思想、展望企业前景、明确管理方法。然后在总经理的带领下,根据每个人的特点,确定其他职位的合理人选。总经理一般兼职人力资源总监的工作。

财务总监要认真仔细,肯于吃苦,工作有条理,能积极负责,责任心要强。

营销总监要头脑灵活,反应机敏,善于观察,判断力强,聪明能干,决策果断,行动迅速。

运营总监要态度认真,勤于动手,善于思考,认真细致,做事有条理,责任心要强。

如果团队人员较多,则可在财务主管下增设会计主管,在总经理下增设首席运营官及人力资源主管,在营销主管下增设市场主管及销售主管,在生产主管下增设产品研发主管(技术主管)及设备主管等。

组建企业管理团队是团队成员的第一次密切接触,总经理要了解成员特点,有针对性地进行协调,促进各职位的合作交流,与同事们凝聚成一个团结上进的集体,形成和谐团队。

经过一轮的模拟经营操作后,团队成员之间有了更深刻的了解,可以根据成员特点调整工作岗位,力求每个人都能各展所长,人尽其才,也可以轮换岗位,体验不同的工作,这样有利于学生对不同岗位的认知,从而准确地进行个人职业定位。对于所学专业对应岗位,可以采取年度轮换制,以便有更多的学生体验本专业工作,实践专业理论。

任务4 创立虚拟企业,明确岗位分工

一、创建企业

创建企业,即企业运作的内外部环境的建立。内部需要准备生产的一切资源,包括:厂房、设备等硬件资源,生产许可证明、市场准入证明等软件资源,而这些资源都需要一定的资金和时间资源来获得。

团队集体讨论给企业命名,一个响亮的、朗朗上口的、易于传播的企业名称,是造就优秀企业的有力助推器,同时也是企业走向强大的动力。

创建企业初始年(又称第 1 年)的模拟经营,是企业的开局年度。

二、企业首次登录

企业首次登录,要注册公司,操作步骤如下。

(1) 企业申请一个虚拟账号，如1组用U01，以此类推。
(2) 重设密码。初始密码均设置为1，学生要修改设定企业的密码。
(3) 填写所属学校、专业、班级等信息。
(4) 填写公司名称。
(5) 填写企业分工。
(6) 填写公司宣言。
(7) 登记确认。确认后即不许更改。

三、模拟企业岗位职责

1. 总经理

总经理是企业战略的制定者和管理者。有目标才有成功，企业要成功，必然要有一个明确的企业目标和战略。团队成员要站在企业的整体战略的高度，看待企业的经营和业务，保证业务与整体战略的一致性，获取战略性的成功。

从岗位分工、职位定义、沟通协作、工作流程到绩效考评，沙盘模拟中每个团队经过初期组建、短暂磨合，逐渐形成团队默契，继而完全进入协作状态。只有全体成员有着共同愿望、朝着共同的目标，彼此信任和相互支持，齐心协力，企业才能取得成功。

2. 财务总监

财务总监需掌握利润表、资产负债表的结构，通过财务报告解读企业经营现状；掌握资金流转对损益的影响，细化落实职位策略和业务计划；学会资金预算，控制融资成本，提高资金效率。

3. 营销总监

市场营销就是企业用价值不断满足客户需求的过程。企业所有的行为、资源，无非是要满足客户的需求。营销总监要学会如何分析市场、掌握竞争对手情况、制定营销战略、定位目标市场，制订并有效实施销售计划，最终达成企业战略目标。

4. 运营总监

ERP沙盘模拟中，新产品研发、物资采购、生产运作管理、品牌建设等一系列问题背后的一系列决策问题就自然地呈现在团队成员面前，它跨越了专业分隔、部门壁垒。运营总监充分运用所学知识保证企业生产运作的适度，确保企业经营的合理发展。原料是生产的保证，运营总监要确保在适当的时间采购到合适的原料，进行原料库存管理，保证企业生产的顺利进行。

四、ERP沙盘模拟企业经营实训成绩考核

ERP沙盘模拟企业经营的成绩考核分为以下四个部分。

1. 企业内部岗位考核

企业经营过程中，每个人都有明确的岗位职责和具体的工作任务。总经理负责人员评价、激励等方面的优化，组织团队成员进行团队内部评议，对每一位公司职员给出合理、恰当、公平、公正的评价，并进一步明确每个职位的工作任务，细化和量化考核要求。

2. 模拟经营水平考核

经营成绩考核包括团队经营业绩情况、参与积极性和主动性、成员能力水平等内容。

3. 总结研讨会考核

一轮模拟经营结束，总经理要组织团队成员召开经营研讨会，共同研讨企业经营之道。研讨会主要从企业整体经营分析、岗位工作专项分析与评价、具体业务项目分析等方面对企业经营进行定量、定性分析评价，总结经验教训，取得理论提升。各团队成员要聆听他人发言，取人之长，补己之短；总结经验，吸取教训，避免重蹈覆辙；也要积极发表个人观点，和大家分享自己对成败的感悟，共谋发展之道。

4. 实训总结报告考核

实训总结报告分为经营分析报告和收获感悟报告两大部分。

(1) 经营分析报告。模拟经营使学生学到了知识，得到了锻炼，也获得了技能的提升，学生有必要做一个总结分析与评价，包括企业整体经营分析、岗位工作专项分析、具体业务项目分析等。

(2) 收获感悟报告。对抗比赛带给学生的是职位的体验、思路的启发、智慧的启迪和人生的感悟，这是学生真正收获的硕果，学生可以加以总结，借鉴经验，吸取教训，为今后人生道路做好指引和规划。

模块三　模拟企业运营规则

任务 5　学习运营规则，了解创新发展

"无规矩不成方圆。"企业经营要遵守相关法律法规，对生产活动也要有一定的政策规定。企业要严格遵守国家和地方的相关法律法规，在政策的规范下合法经营，否则就将受到法律的严惩。同理，ERP 沙盘模拟也要在一定的规则之下进行，我们要学习和掌握这些规则。规则的学习是枯燥的，但也是必需的。下面以沙盘 V5.0 版系统中职规则三为范例来介绍企业运营规则。

一、经营规则

1. 生产设备

生产设备规则，如表 1-2 所示。

表 1-2　生产设备规则

生产线	购置费	安装周期	生产周期	维修费	残值	转产周期	转产费	分值
手工线	5W	无	3Q	0	2W	无	无	5分
半自动线	10W	1Q	2Q	1W/年	2W	1Q	2W	7分
自动线	15W	3Q	1Q	2W/年	3W	1Q	2W	9分
柔性线	20W	4Q	1Q	2W/年	4W	无	无	10分
租赁线	0	0	1Q	7W/年	-7W	1Q	2W	0

(1) 无论何时出售生产线，从生产线净值中取出相当于残值的部分计入现金，净值与残值之差计入损失。

(2) 只有空闲的生产线方可转产。

(3) 已建成的生产线都要交维修费。

2. 生产设备的折旧(平均年限法)

生产设备折旧规则，如表 1-3 所示。

表 1-3　生产设备折旧规则

生产线	购置费	残值	建成第 1 年	建成第 2 年	建成第 3 年	建成第 4 年	建成第 5 年
手工线	5W	1W	0	1W	1W	1W	1W
半自动线	10W	2W	0	2W	2W	2W	2W
自动线	15W	3W	0	3W	3W	3W	3W
柔性线	20W	4W	0	4W	4W	4W	4W

(1) 当生产线净值等于残值时生产线不再计提折旧，但可以继续使用。

(2) 生产线建成第 1 年(当年)不计提折旧。

3. 厂房

厂房规则，如表 1-4 所示。

表 1-4　厂房规则

厂房	购买价格	租金	出售价格	容量	购买上限	分值
大厂房	30W	4W/年	30W	4条	3个	10分
小厂房	20W	3W/年	20W	3条	3个	7分

(1) 租用或购买厂房可以在任何季度进行。如果决定租用厂房或厂房买转租，租金在开始租用时交付。

(2) 厂房租入后，租期结束后才可做租转买、退租等处理；如果没有重新选择，则系统自动做续租处理，租金在"当季结束"时和"行政管理费"一并扣除。

(3) 若要新建生产线，需要建在厂房空闲空间。只有厂房中没有生产线时，才可以选择退租。

(4) 厂房合计购/租的数量上限为 4。

(5) 已购厂房随时可以按原值出售(如有租金需付清后才可出售，否则无法出售)，获得账期为 4Q 的应收款。

4. 融资

各种融资情况及其规则，如表 1-5 所示。

表 1-5 融资情况及规则

贷款类型	贷款时间	贷款额度	年息	还款方式
长期贷款	每年度初	所有贷款不超过上一年所有者权益的 3 倍，不低于 10W	10%	年初付息，到期还本
短期贷款	每季度初	所有贷款不超过上一年所有者权益的 3 倍，不低于 10W	5%	到期一次还本付息
资金贴现	任何时间	视应收款额	10%(1 季，2 季) 12.5%(3 季，4 季)	变现时贴息，贴现各账期分开核算，分开计息
库存拍卖	原材料八折(向下取整)，成品按成本价			

(1) 长期贷款期限为 1~5 年，短期贷款期限为 4 个季度(1 年)。

(2) 长期贷款借入当年不付息，第二年年初开始，每年按年利率支付利息，到期还本的同时支付应付利息。

(3) 短期贷款到期时，一次性还本付息。

(4) 长期贷款和短期贷款均不可提前还款。

(5) 若与参数有冲突，则以参数为准。

5. 市场准入及开拓

市场准入及开拓规则，如表 1-6 所示。

表 1-6 市场准入及开拓规则

市场	开发费用	时间	分值
本地	1W/年*1 年=1W	1 年	5 分
区域	1W/年*1 年=1W	1 年	5 分
国内	1W/年*2 年=2W	2 年	8 分
亚洲	1W/年*3 年=3W	3 年	9 分
国际	1W/年*4 年=4W	4 年	10 分

市场开拓只能在每年第 4 季度操作。

6. ISO 认证

ISO 认证规则，如表 1-7 所示。

表 1-7 ISO 认证规则

市场	开发费用	时间	分值
ISO 9000	1W/年*2 年=2W	2 年	8 分
ISO 14000	2W/年*2 年=4W	2 年	10 分

ISO 认证只能在每年第 4 季度操作。

7. 产品研发

产品研发规则，如表 1-8 所示。

表 1-8 产品研发规则

名称	开发费用	开发周期	原料成本	产品组成	加工费	直接成本	分值
P1	1W/季*2 季=2W	2 季	1W/个	R1	1W/个	2W/个	7 分
P2	1W/季*3 季=3W	3 季	2W/个	R2+R3	1W/个	3W/个	8 分
P3	1W/季*4 季=4W	4 季	3W/个	R1+R3+R4	1W/个	4W/个	9 分
P4	1W/季*5 季=5W	5 季	4W/个	R2+R3+2R4	1W/个	5W/个	10 分

生产线上正在加工的产品称为在制品，加工完成入库的产品即为产成品(简称成品)。

8. 原材料

原材料规则，如表 1-9 所示。

表 1-9 原材料规则

名称	购买价格	提前期
R1	1W/个	1 季
R2	1W/个	1 季
R3	1W/个	2 季
R4	1W/个	2 季

9. 紧急采购

(1) 付款即到货，可马上投入生产或销售，原材料紧急采购的价格为直接成本的 2 倍，成品紧急采购的价格为直接成本的 3 倍。

(2) 紧急采购原材料和产品时，直接扣除现金。上报报表时，成本仍然按照标准成本记录，紧急采购多付出的成本计入费用表"损失"。

(3) 若与参数冲突，则以参数为准。

10. 选单

选单规则为以当年本市场本产品广告额投放大小顺序依次选单；如果两组本市场本产品广告额相同，则看当年本市场广告投放总额；如果当年本市场广告总额也相同，则看上年该市场销售排名；如仍相同，则先投广告者先选单。

若参数中选择有市场老大，则市场老大有该市场所有产品的优先选单权。

11. 纳税

纳税规则内容：企业经营有了盈利，需要缴纳所得税。每年的所得税计入资产负债表的负债项目中的"应纳税金"位置，下一年年初缴纳。

规则解读：所得税缴纳税额是按照弥补以前亏损后的余额为基数计算的，当所有者权益高于初始资本时，应按所得税规定缴纳税款。

(1) 初次纳税：当上年权益<初始资本且尚未缴纳所得税时，纳税数额=(上年权益+本年税前利润-初始资本)×25%(四舍五入取整)。

(2) 再次纳税：当上年权益≥初始资本并已缴纳所得税时，纳税数额=本年税前利润×25%(四舍五入取整)。

(3) 纳税后亏损，再次盈利：纳税数额=(本年税前利润-前期亏损数)×25%(四舍五入取整)。

计算完成的所得税额填入利润表、资产负债表的所得税位置，下一年年初工作中的"缴纳税金"环节由财务(系统)从现金中足额支付。

二、订货会选取订单规则解读

1. 广告费用与获得订单的机会

企业通过该年投放广告取得订单，根据投放的产品广告的多少决定该产品的选单顺序，依次轮流选单，并根据自己产能的多少自主决定选取订单的数量。例如，投放 1W 的广告，有 1 次选单机会；投放 3W 的广告可能有 2 次选单的机会；投放 5W 的广告可能有 3 次选单的机会；以此类推。

2. 广告投放

将广告费投放(填写)在每个市场与产品组合相应的位置(即对应的选单回合)上。

3. 选单排名顺序

订单按市场、按产品发放。例如，各公司按照本地市场的 P1、P2 产品排定的顺序选择订单。

选单顺序根据如下原则排定：以投入某个市场某个产品广告费用的多少产生该产品的选单顺序；如果两个或两个以上的企业在同一市场同一产品投入的广告一样，则按本市场投放的广告总额进行排名；如果市场广告总额也一样，则按照上一年销售收入的多少排序；如果上一年销售收入还是相同，则按照投放广告的时间先后排序。

4. 订单放单原则

市场发放所有订单，企业根据自己的产能选择订单。

5. 选单流程

企业按照轮次进行订单的选取，按选单顺序先选第一轮，每公司一轮只能选择 1 张订单。各公司都选完后，有资格的企业再开始下一轮的依次选单。

6. 订单完成要求

企业按照订单上的交货期交货，可以提前交货，但不可推迟交货。

7. 交货规则

企业必须按照订单规定的数量交货，可以提前交货，但不能推迟交货。

8. 违约处罚规则

所有订单必须当年完成(即在订单规定的交货期，按订单上规定的产品数量交货)，如果订单没有完成，即为违约订单，违约订单的总价不能计入销售额，需在当年扣除违约订单销售额的 20%后，直接计入成本，并收回该订单。

9. 订单信息发放

每年的订货会结束后，发放下一年市场的订单信息。

10. 提请注意

(1) 必须在倒计时大于 5 秒时选单，出现确认框要在 3 秒内按下确认按钮，否则可能造成选单无效。

(2) 每组每轮选单只能先选择 1 张订单，待所有投放广告组完成第一轮选单后，若还有订单，则该市场该产品广告额大于等于 3W 的组将获得第二轮选单机会，选单顺序与第一轮相同；第二轮选单完成后，该市场该产品广告额大于等于 5W 的组将获得第三轮选单机会，选单顺序与第一轮相同；以此类推。

(3) 若在某细分市场(如本地、P1)有多次选单机会，只要放弃一次，则视同放弃该细分市场的所有选单机会。

(4) 若选单中有意外，请立即告知裁判。

(5) 市场老大指上一年某市场内所有产品销售总额最多，并且在该市场没有违约的企业，如果出现多家企业销售总额相等，则该市场无老大。

三、规则重要参数

重要参数实际是部分规则的简单化表达，如表 1-10 所示。

表 1-10 重要参数

违约金比例	20%	贷款额倍数	3 倍
产品折价率	100%	原材料折价率	80%

(续表)

长贷利率	10%	短贷利率	5%
1，2期贴现率	10%	3，4期贴现率	12.5%
初始现金	70W	管理费	1W
信息费	1W	所得税率	25%
最大长贷年限	5年	最小得单广告额	1W
原材料紧急采购倍数	2倍	产品紧急采购倍数	3倍
选单时间	45秒	首位选单补时	15秒
市场同开数量	5	市场老大	无
竞单时间	90秒	竞单同竞数	3
最大厂房数量	4个		

提请注意：每市场每产品选单时第一组选单时间为60秒，自第二组起，选单时间设为45秒。

四、其他问题规则

1. 取整

违约金扣除——四舍五入；库存出售所得现金——向下取整；贴现费用——向上取整；贷款利息——四舍五入；缴纳税款——四舍五入。

2. 破产处理

当权益为负(指当年市场结束，系统生成资产负债表时为负)或现金断流时(即现金为负数，但权益和现金可以为零)，企业破产。

破产后，企业可通过注资等方式继续参与模拟经营实训。

3. 模拟经营结果排名

模拟经营结果以参加模拟经营活动的各团队最后一年经营结束后的最终所有者权益进行评判，分数高者为优胜。

如果出现最终权益相等的情况，则参照各组最后一年经营结束后的最终盘面计算盘面加分值，加分值高的组排名在前(排行榜只限于排名用，不计入最终权益值)。如果加分值仍相等，则比较最后一年净利润，高者排名靠前；如果还相等，则先完成最后一年经营的团队排名在前。

$$总成绩=所有者权益×(1+企业综合发展潜力÷100)$$

$$企业综合发展潜力=市场资格分值+ISO资格分值+生产资格分值+厂房分值+各条生产线分值$$

生产线建成即加分，无须生产出产品，也无须有在制品；厂房必须是购买。

4. 关于摆盘和巡盘

教学过程中使用实物沙盘摆盘，只需要摆出当年结束状态，不要求中间过程。摆盘要求摆出生产线(含在制品)、生产线净值、在建工程、现金、应收款(包括金额与账期)、原材料库存、产成品库存、认证资格、厂房、原材料订单、各类费用，年末由老师统一发令，学生可观看其他组的盘面。巡盘期间至少留一人在本企业。

五、创新与发展

随着社会的发展，科技的创新，沙盘模拟企业经营也在不断发展创新中，并且变化显著。

首先，在组织上，过去提前 1 天下发比赛规则和市场预测，后期改为进赛场后再发，避免了场外因素的干扰，更加考验学生能力和考查选手技术水平。

其次，在企业经营时间上有了改变，比赛活动由过去的经营 6 年改进为现在的经营 4 年。过去 6 年的经营需要 1.5~2 天才能完成，这适用于学生学习和实训活动，但比赛就显得时间太长，而现在比赛一个经营周期 4 年，只需 1 天就可以完成。

再者，在规则上有了巨大变化。同一项目的每一项规则内容都有所变化，并且不固定，而且可以有多个选择，各项规则组合而成的具体题目众多，既增加了难度，也增加了比赛的乐趣。

同时，在市场需求上的改变更加巨大。不同产品的价格、订单数量、需求量每年都在改变，这也说明每年的竞赛环境不断在改变。

在以后的训练和比赛活动中，可能会接触这些变化创新中的部分内容。因此，要培养学生的学习能力，以合理科学的方法处理遇到的不同问题，以多元化的能力应对繁多的变化，以创新的心态面对实训学习和比赛活动，这对学生的成长会有巨大的帮助。

任务 6　明确岗位职责，掌握业务规则

企业经营过程中，每位成员都有明确的岗位职责和具体的工作任务。企业成员应当熟练掌握个人职位所对应的经营规则，积极、高效地完成个人工作，发挥职位管理职能。

总经理负责人员评价、激励等方面的优化管理，细化岗位工作要求，安排和督促本企业员工积极完成本职工作，形成和谐团队，保证企业的高效运营。

企业各个岗位的工作任务、要求标准及应当重点掌握的规则，如表 1-11 所示。学生若想提高沙盘模拟的水平，则需尽快掌握所有的规则要求。

表 1-11　企业各个岗位的工作任务、需求标准及重点掌握的规则

职位	工作任务	要求标准	重点掌握规则
总经理	经营记录	台账正确、全面、及时	全部规则
	企业战略及规划的制定	目标科学、团队达成一致	
	计划管理	措施得当、调整稳妥	
	经营流程控制	流畅、合理、时效性高	
	团队管理与考核	团结、和谐、高效	

(续表)

职位	工作任务	要求标准	重点掌握规则
营销总监	经营记录	台账正确、全面、及时	市场开发规则； 市场细分规则； 订货会选单规则； 广告投放规则； 产品生产规则
	市场预测分析及详单分析	分析正确、判断准确	
	营销策略及广告投放	策略恰当、费用合理	
	参加订货会选取订单	选单合理、达成目标	
	按订单交货、协助应收款管理	按时交货、提醒及时回款	
生产总监	经营记录	台账正确、全面、及时	厂房规则； 生产设备规则； 产品研发规则； 产品生产规则； 费用规则
	生产计划与执行	计划完成、保证交货	
	产能计算	计算准确无误	
	设备投资与新产品研发	把握时机、数量、种类	
	营运费用计算	核算正确	
供应总监	经营记录	台账正确、全面、及时	原材料订购规则； 生产设备规则； 产品研发规则； 产品生产规则
	采购计划	适配生产计划	
	采购计划的执行	及时、准确下订单	
	保证供应	保障生产	
	库存管理	库存合理、消化及时	
财务总监	经营记录	台账正确、全面、及时	融资规则； 费用规则； 纳税规则； 取整规则； 生产设备规则； 产品生产规则
	资金预算与执行	计划合理、资金不断流	
	融资管理	合理、适当、科学	
	费用计算	正确、及时	
	财务报告	及时、准确	

模块四　企业经营环境

经营环境是影响企业生产经营活动的外部条件，也是制约企业生存和发展的重要因素，包括市场和非市场因素。

(1) 市场因素。市场因素包括：居民的购买行为与消费特点，物质资源的货源及价格，竞争对手的经济实力及发展动向，新技术、新材料、新工艺、新产品等对企业产品的影响等。

(2) 非市场因素。非市场因素包括国内外政治环境、经济环境、技术环境、社会环境等。

任务 7　认识订单要素，储备丰富知识

模拟企业经营是模拟一个制造型企业 4~6 年的经营活动，制造型企业每一年度的主要经营活动为年度订货→购买原料→组织生产→产成品交付客户→收回货款→财务报告。

一、订单

在模拟企业经营沙盘中，我们把诸多客户的需求简化为订单，不同客户的需求不同，对产品的要求不同，给出的价格不同，产生的订单也有所不同，如表 1-12 所示。

表 1-12　订单列表

订单编号	年份	市场	产品	数量	总价	交货期	账期	ISO	所属用户	状态
10-0001	第 2 年	本地	P1	3	14W	4 季	2 季	—	—	—
10-0002	第 2 年	本地	P1	4	20W	4 季	2 季	—	—	—
10-0007	第 2 年	本地	P1	3	14W	4 季	2 季	—	—	—
10-0008	第 2 年	本地	P2	4	28W	4 季	1 季	—	—	—

二、订单的构成

订单由以下要素构成。

(1) 订单编号。指订单的序列号，如 10-0017.jn-095.sm-678 等。

(2) 年份。指需求年份，即若在该年份有订单需求，则出现该订单。

(3) 市场。模拟企业经营实训中的不同市场需求不同。

(4) 产品。指模拟企业经营实训中的产品种类，有 P1、P2、P3、P4 等，不同产品，组成不同，需求不同。

(5) 数量。指该客户需求该产品的数量。

(6) 总价。订单总价格。产品由客户定价，模拟企业只能按照客户价格供给，当然供应方有选择订单的自主权。

(7) 交货期。指交货时间限制。客户要求在该季度完成交货，可以提前交货，但不能延后交货。

(8) 账期。账期是指制造生产商供货后，直至客户付款的这段时间的周期。当企业完成交货，但客户不给付现金时，要后推账期时间(季度)后才能到账。

(9) ISO。ISO 是质量认证管理体系。当客户对商品有质量要求时，制造企业有相关质量认证资质才能完成此类订单。

(10) 所属用户。所属用户是指注明订货会时选取该订单的企业。一张订单一旦为某企业选择，则该订单归属于该企业，其他企业不能再次选择。

(11) 状态。订货会进行时，订单所处的状态。当企业有选取订单的机会时，该位置显示"选择"字样，单击订单状态栏中的"选择"按钮，弹出"确定"选项，单击"确定"

按钮，即可成功获得该订单。

例如，编号 10-0002 的订单，需求年份是第 2 年，需求发生在本地市场，需求 P1 产品，需求共 4 个，可以 20W(W 为货币单位)购买，交货期为 4Q，要求在本年度第 4 季度前交货，账期 1Q 交货后推迟 1 个季度给付现金。

任务 8 认知市场环境，把握竞争环境

市场分析是对市场供需变化的各种因素及其动态、趋势的分析。通过市场分析，可以更好地了解市场的商品供应和需求的比例关系，以采取正确的经营战略，满足市场需要，提高企业经营活动的经济效益。只有利用科学的方法分析和研究市场，才能为企业的正确决策提供可靠的保障。实现产品的销售，必然要对市场有科学的认识。学生可以模拟市场预测进行逐一解读。

一、均价

均价是指不同产品在不同年份、不同市场的平均价格。同一产品的价格变化包括纵和横两个维度。均价的市场预测表，如表 1-13 所示。

表 1-13 市场预测表——均价 中职订单—规则三(8~10 组)

序号	年份	产品	本地	区域	国内	亚洲	国际
1	第 2 年	P1	4.85	5.07	0	0	0
2	第 2 年	P2	7.07	7.30	0	0	0
3	第 2 年	P3	8.47	8.55	0	0	0
4	第 2 年	P4	10.67	10.56	0	0	0
5	第 3 年	P1	4.85	4.73	4.74	0	0
6	第 3 年	P2	6.88	6.80	0	0	0
7	第 3 年	P3	8.46	8.80	0	0	0
8	第 3 年	P4	0	9.82	9.92	0	0
9	第 4 年	P1	4.58	4.67	4.70	0	0
10	第 4 年	P2	6.48	0	0	6.45	0
11	第 4 年	P3	9.19	8.80	0	8.76	0
12	第 4 年	P4	9.68	10.00	9.96	0	0
13	第 5 年	P1	5.65	0	4.58	0	4.62
14	第 5 年	P2	6.52	6.65	6.62	6.82	0
15	第 5 年	P3	0	7.62	0	8.35	8.40
16	第 5 年	P4	8.82	9.00	0	9.29	0
17	第 6 年	P1	5.50	5.48	0	0	5.52

(续表)

序号	年份	产品	本地	区域	国内	亚洲	国际
18	第6年	P2	7.45	0	7.38	0	7.23
19	第6年	P3	8.30	8.38	0	8.82	0
20	第6年	P4	0	9.30	10.00	0	9.55

1. 同一产品不同市场价格变化

同一产品在同一年份的不同市场其价格有所不同，这表明了市场对价格的影响，要不同市场区别对待。如图1-6、图1-7所示为P4产品第5年在不同市场的价格变化图。

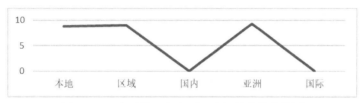

图1-6　P4产品第5年在不同市场的价格变化图

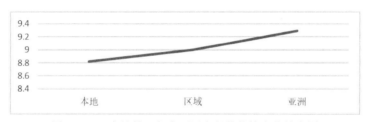

图1-7　P4产品第5年在不同市场的价格变化放大图

不同价格，意味着销售产品的毛利不同，产生的净利润也不同，因此在销售过程中也应该有不同的应对措施。

2. 同一产品不同年份的价格变化

同一产品在不同年份的价格有所变化，表明了其发展需求的价格轨迹。由于不同产品的构成不同，单位产品成本不同，价格也就必然不同，所以以毛利多少为判断依据更为准确。

由市场预测—均价，结合市场预测—需求量，可以看出同一产品在不同年份的平均单价是不同的，计算方法为用某一年P1产品的各个市场均价乘以对应市场需求量的和，然后除以该年的总需求量，即可得到该年P1产品的平均单价。如图1-8所示为P1价格逐年变化趋势图，价格由高变低，到第4年最低，而后逐年涨价，升至第6年最高。

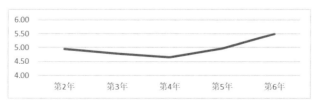

图1-8　P1价格变化趋势图

如图 1-9 所示为 P3 价格逐年变化趋势图，价格开始逐年上涨，到第 4 年最高，而后降价至第 5 年最低后，再涨价。

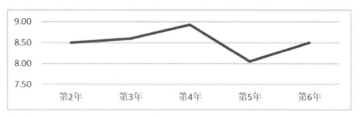

图 1-9　P3 价格变化趋势图

二、需求量

市场决定一切，市场预测中需求量的变化，反映了市场需求的情况。需求量的市场预测表，如表 1-14 所示。

表 1-14　市场预测表——需求量　中职订单—规则三(8~10 组)

序号	年份	产品	本地	区域	国内	亚洲	国际
1	第 2 年	P1	20	15	0	0	0
2	第 2 年	P2	15	20	0	0	0
3	第 2 年	P3	15	11	0	0	0
4	第 2 年	P4	9	9	0	0	0
5	第 3 年	P1	33	15	19	0	0
6	第 3 年	P2	26	20	0	0	0
7	第 3 年	P3	28	20	0	0	0
8	第 3 年	P4	0	17	13	0	0
9	第 4 年	P1	24	27	27	0	0
10	第 4 年	P2	25	0	0	20	0
11	第 4 年	P3	21	20	0	17	0
12	第 4 年	P4	19	17	27	0	0
13	第 5 年	P1	26	0	26	0	21
14	第 5 年	P2	21	17	21	17	0
15	第 5 年	P3	0	26	0	20	15
16	第 5 年	P4	22	20	0	17	0
17	第 6 年	P1	26	31	0	0	25
18	第 6 年	P2	20	0	21	0	26
19	第 6 年	P3	23	21	0	22	0
20	第 6 年	P4	0	20	21	0	20

由市场预测——需求量可以看出，同一产品在不同年份的需求量是不同的，如图 1-10 所示为 P2 需求量逐年变化图，需求量逐年增加，升至第 5 年最高，而后有所减少。

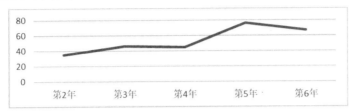

图 1-10　P2 需求量逐年变化图

同一产品在同一年份，但在不同市场的需求量是不同的，因此在销售过程中也应该有不同的应对措施。如图 1-11 所示为 P1 产品第 6 年在不同市场的需求量变化图。

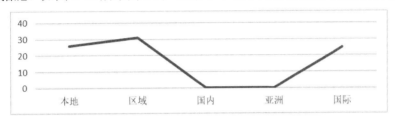

图 1-11　P1 产品第 6 年在不同市场的需求量变化图

三、订单数

每年度不同产品在不同市场上的订单数量不同，表明了选取订单、取得多轮次选单机会的难易程度。订单数量的市场预测表，如表 1-15 所示。

由表 1-15 可知，第 3 年本地市场 P3 有 10 张订单。如果本年度有 8 个企业可以生产销售 P3，则企业投放 1W 的广告一定能获得一张订单，投放 3W 以上的广告且排名靠前的 2 个企业，可以获得第 2 轮选单机会；如果本年度有 5 个企业可以生产销售 P3，则企业投放 1W 的广告一定能获得一张订单，投放 3W 广告及以上的企业，可以获得第 2 轮选单机会；如果本年度有 4 个企业可以生产销售 P3，则企业投放 1W 的广告一定能获得一张订单，投放 3W 广告的企业，可以获得第 2 轮选单机会，投放 5W 广告及以上且排名靠前的企业，可以获得第 3 轮选单机会。

表 1-15　市场预测表——订单数量　　中职订单—规则三(8~10 组)

序号	年份	产品	本地	区域	国内	亚洲	国际
1	第 2 年	P1	7	6	0	0	0
2	第 2 年	P2	6	7	0	0	0
3	第 2 年	P3	6	5	0	0	0
4	第 2 年	P4	4	4	0	0	0
5	第 3 年	P1	10	6	6	0	0
6	第 3 年	P2	8	7	0	0	0

(续表)

序号	年份	产品	本地	区域	国内	亚洲	国际
7	第3年	P3	10	6	0	0	0
8	第3年	P4	0	5	5	0	0
9	第4年	P1	7	7	8	0	0
10	第4年	P2	8	0	0	6	0
11	第4年	P3	7	6	0	5	0
12	第4年	P4	7	6	8	0	0
13	第5年	P1	7	0	7	0	6
14	第5年	P2	6	5	6	5	0
15	第5年	P3	0	7	0	6	5
16	第5年	P4	6	6	0	5	0
17	第6年	P1	7	7	0	0	6
18	第6年	P2	6	0	6	0	7
19	第6年	P3	6	5	0	6	0
20	第6年	P4	0	5	6	0	5

当有优先选择订单权时，必然能选取对本企业有利的好订单，并能获得多个订单机会，同时也可以多出售本企业产品。

第二单元

学 习 经 营

模块一 第1年经营

ERP沙盘模拟企业经营活动一般进行4~6年,分年度逐次进行,每一年度为一个会计年度。每一经营年度分为年初、年中、年末3个时间阶段,开展不同的经营活动。其中,年中时段分为4个季度,依次进行经营活动。第1年企业经营记录表如表2-1所示。

为了更好地说明模拟经营活动,我们采用3段式数字段即"*-*-*"形式,表示企业经营活动的具体操作步骤及项目内容。第一段为1位数,数字表示年度;第二段数字为1位数,其中,0表示年初时段,1、2、3、4表示年中时段的第1季度到第4季度,5表示年末时段;第三段数字表示经营活动顺序及对应项目,年初时段有1~7个项目及操作,年中时段每一季度有1~22个项目及操作,4个季度依次循环操作,年末时段有1~4个项目及操作。例如,编号2-3-1,即表示第2年第3季度第1项经营活动,具体内容为"季初现金盘点"。

任务9 学习战略规划,制订年度计划

一、企业战略规划

1. 战略规划

美国著名的成功学大师安东尼·罗宾斯曾经提出过一个成功的万能公式:成功=明确目标+详细计划+马上行动+检查修正+坚持到底。从这个公式可以看出,要想取得成功,首先要有明确的目标,然后根据目标制订详细的计划。

战略规划是指制定企业的长期目标并将其付诸实施。公司成立之后,总经理召集全部的团队成员召开企业战略规划会议,制定企业整体战略,规划经营目标,明确各项计划,确定具体业务策略。

2. 战略规划的内容

企业战略规划的具体内容如下。

(1) 经营目标。经营目标包括整体盈利目标、盈利的年度安排、重大的经营活动的资

金和时间安排及经营活动的节奏。

(2) 环境认知。模拟企业在 4~6 年的经营过程中，需对竞争环境、竞争对手(其他企业)、企业自身条件、团队成员能力特征等有深刻的理解。

(3) 竞争策略。竞争策略是指与其他企业竞争时所采取的有利措施，包括销售策略、广告策略、选单策略、产品策略、生产策略、供给策略、资金预算方法等规划策略的确定。

(4) 团队合作。团队成员团结合作，可提升经营效率；团队成员之间换位思考，可深入研究技术技巧。

(5) 产品规划。产品规划解决了研发产品、研发时间、研发资金等问题。

(6) 资金预算。科学的资金预算、合理地安排现金，可适度融资，保障企业现金需求。

(7) 营销策略。营销策略是指深入研究市场，制定可行的销售策略和产品销售计划。

(8) 科学选单。选单包括研究广告及详单，筹划选单方法，在订货会上科学、合理地选取订单。

(9) 生产相关。生产包括安排资金购置生产线、购置何种生产线、购置多少生产线、何时购置等，科学安排生产、科学库存管理来满足销售需要。

(10) 供给相关。供给包括原料订单策略、原料供给方法、库存管理等。

(11) 计划调整。计划调整是将整体战略与年度规划相结合，并及时调整年度计划。

二、新年度经营计划

1. 新年度规划会议

新年度开始之际，企业要召开新年度规划会议，即要完成 1-0-1 项目的经营活动。由总经理召集企业全体员工，在认识企业的自身条件，分析竞争对手的情况下，研究市场需求，制定企业战略规划及各个职位的职能策略，制订出适应本年度企业经营的各项业务计划。

"一年之计在于春"。无论是在生活还是工作中，处处需要计划。有计划，可以让事情做得更好；无计划，则容易失去方向。企业经营更是如此，如果在经营过程中随意处置、无序操作，则会出现经营困难，最终导致企业破产。

2. 企业年度规划的内容

一个完整的企业年度规划包括以下内容。

(1) 企业内部条件认识，包括企业自身的特点、优势与劣势。

(2) 企业外部环境分析，指其他企业的情况、市场需求情况等。

(3) 年度经营目标，指根据企业战略规划目标的要求和经营环境的变化所制定的本年度的经营目标，要具体可行且具有指导性。

(4) 经营策略、计划，包括根据经营目标确立的营销策略、市场开拓计划、广告投放策略、选单计划、财务预算、资金计划、生产策略、生产设备购置计划、产品研发计划、产品生产计划、原料供应计划等。

(5) 实施步骤，指落实各种策略、计划的具体步骤。

任务 10　完成第 1 年年度经营操作

在第 1 年里，学习企业经营流程中各项任务及实际操作，一起开展模拟企业经营实践。在经营中要按照角色和流程，学习记录经营过程中的各个生产要素变化的情况。

年初时段分别有 1~7 个项目及操作，年中时段的每一季度有 1~22 个项目及操作，年末时段有 1~4 个项目及操作。每一年度的经营活动有 7+22×4+4 共 99 个项目，但每一年度不是每一项目都需要操作，有些项目为人工预算时使用而不用进行系统内操作，有些项目为人工预算时需要但由系统自动进行，另外，紧急采购、出售库存、应收款贴现、厂房处理等项目为自主选择，可随时进行操作，不进行操作时可以直接略过，可根据实际情况进行操作。

不同职位，工作不同，承担的任务不同，需要完成的项目也不同。团队成员之间采取明确分工，各负其责，通力合作，即可很好地完成企业经营活动。总经理在开始时对团队成员的认知可能不准确，因此也可以采取每一成员都完成全部项目的工作，后期再根据个人擅长领域进行有效分工，充分发挥团队成员力量，取得更好的经营业绩。

预算思路：

(1) 购买两个小厂房，一个在第 1 季度购买，另一个在第 2 季度购买。

(2) 建设 5 条生产线，第 1 季度开始建设 2 条柔性线，共需投资 4 个季度；第 2 季度开始建设 3 条自动线，共需投资 3 个季度，其中，2 条生产 P2，1 条生产 P3。

(3) 研发 P2、P3、P4 3 种产品，P4 需要研发 5 个季度，P3 需要研发 4 个季度，从第 1 季度开始研发 P3、P4；P2 研发需要 3 个季度，从第 2 季度开始研发 P2。

(4) 开拓本地、区域、国内、亚洲、国际 5 个市场，投资 ISO 9000、ISO 14000 资质认证。

(5) 每个季度支付管理费 1W。

(6) 厂房、生产线、产品研发、市场开拓、ISO 认证、管理费用所有支出合计为 148W，起始资金为 80W，资金缺口为 68W，第 2、3、4 季度分别申请短期贷款 29W。年末剩余现金 19W，足够投放第 2 年的广告。

(7) 根据市场预测情况，准备第 2 年销售 6 个 P2、5 个 P3、4 个 P4。P4 研发需要 5 个季度，第 2 年的第 1 季度还需要继续研发 P4，所以 2 条柔性线第 2 年第 1 季度安排生产 P3，第 2 年第 2 季度转产生产 P4；另外 3 条生产线为自动线，其中，2 条生产 P2，1 条生产 P3。即生产计划为第 2 年第 1 季度 2 条生产 P2，3 条生产 P3，第 2 年第 2 季度 2 条生产 P2、1 条生产 P3、2 条生产 P4。根据生产计划和产品组成，原材料订货情况为第 1 年第 3 季度预订 5 个 R3、3 个 R4，第 1 年第 4 季度预订 3 个 R1、2 个 R2、5 个 R3、5 个 R4。

一、年初阶段经营

1-0-1 新年度规划会议。如前所述，团队研讨，共商企业发展大计。

1-0-2 广告投放。

1-0-3 参加订货会选订单/登记订单。

1-0-4 支付应付税(25%)。

1-0-5 支付长贷利息。支付由于长期贷款而产生的贷款利息。

1-0-6 更新长期贷款/长期贷款还款。

1-0-7 申请长期贷款。

二、年中阶段

1-*-1 季初盘点(请填余额)。结算季初资金情况，填写现金余额。

1-*-2 更新短期贷款。本操作更新短期贷款时间。

1-*-3 申请短期贷款。根据预算安排，严格执行计划，合理进行短期贷款。

1-*-4 原材料入库/更新原料订单。有预订到期的原材料订单，要及时付款。

1-*-5 下原料订单。依据企业规划，依照预算方案，合理下原料订单。

1-*-6 购买/租用厂房。依据企业规划，遵照计划，执行购买或租赁厂房的操作。

1-*-7 更新生产/完工入库。

1-*-8 新建/在建。新建生产线开始投资建设；对已经开建的生产线继续投资建设。

1-*-9 紧急采购(随时进行)。

1-*-10 开始下一批生产。开始新一批次的生产。

1-*-11 更新应收款/应收款收现。更新应收账款时间，有应收账款到期时收到现金。

1-*-12 按订单交货。

1-*-13 产品研发投资。开展产品的研发投资，取得生产资格，保障生产的开展。

1-*-14 厂房出售/退租/租转买。

1-*-15 新市场开拓/ISO 资格投资。开拓新的市场。

1-*-16 支付管理费/更新厂房租金。每一季度都要及时支付管理费。

1-*-17 出售库存。

1-*-18 厂房贴现。

1-*-19 应收款贴现。根据企业需要，可以随时进行。

1-*-20 本季收入合计。预算、记录手工合计，用以对账，非操作项目。

1-*-21 本季支出合计。预算、记录手工合计，用以对账，非操作项目。

1-*-22 季末数额对账(本季结束)。本季度经营活动结束，并对本季收支账目进行结算。

四个季度，依次进行经营活动，即由 1-1-1 项目操作开始至 1-4-22 项目结束。

三、年末阶段

1-5-1 缴纳违约订单罚款(20%)。

1-5-2 支付设备维护费。今年内已经建设完成的生产线，均要支付规则规定的维修费。

1-5-3 计提折旧。按照规则规定，计提折旧，但此项不用支付现金。

1-5-4 结账(本年结束)。本年度经营活动结束，总计结账。

年末有四项工作，全部自动完成。

第 1 年企业经营结束，将操作记录在表格内，形成经营记录表。第 1 年企业经营记录表，如表 2-1 所示。

表 2-1 第 1 年企业经营记录表

	操作流程	手工记录			
年初	初始资金(召开新年度规划会议)	80			
	广告投放				
	参加订货会选订单/登记订单				
	支付应付税				
	支付长贷利息				
	更新长期贷款/长期贷款还款				
	申请长期贷款				
1	季初盘点	80	47	27	26
2	更新短期贷款/短期贷款还本付息				
3	申请短期贷款		29	29	29
4	原材料入库/更新原料订单				
5	下原料订单			0/0/5/3	3/2/5/5
6	购买/租用——厂房	20	20		
7	更新生产/完工入库				
8	新建/在建/转产/变卖——生产线	10	25	25	25
9	紧急采购(随时进行)				
10	开始下一批生产				
11	更新应收款/应收款收现				
12	按订单交货				
13	产品研发投资	2	3	3	3
14	厂房——出售(买转租)/退租/租转买				
15	新市场开拓/ISO 资格投资				8
16	支付管理费/更新厂房租金	1	1	1	1
17	出售库存				
18	厂房贴现				
19	应收款贴现				
20	季末收入合计	0	29	29	29
21	季末支出合计	33	49	29	37
22	季末数额对账	47	27	27	19
年末	缴纳违约订单罚款				
	支付设备维护费				
	计提折旧				
	结账				19

为了方便大家的理解，我们结合中职规则三(8~10 组)的市场，给出一种预算的第 1 年执行情况(见表 2-1)，仅供大家学习战略规划制定、预算编制和经营记录表使用，实际上课过程中，请各组结合小组讨论结果，制定自己的方案。在实训活动中，将上述表格编制成 exlsx 表，进行企业及各岗位的预算编制、经营记录，能快速、准确、省时地进行数据处理。

四、年终报表

财务在年度经营活动结束时，应及时填写各种报表，按照要求提交报表，并且准确计算各项数据，合理避税，向税务部门报税，按时缴纳税款。

1. 产品核算表

产品核算表的资料来源于订单登记表，第 1 年无订单，因此，第 1 年不需要填写此表。

2. 综合费用表

综合费用包括管理费、广告费用、设备维护费、市场开拓费用、产品研发费用、转产费、厂房租金及损失。计算时各项费用加和即可。

根据第 1 年预算方案，填写综合管理费用明细表，如表 2-2 所示。

表 2-2 综合管理费用明细表

单位：万元

项目	金额
管理费	4
广告费	0
设备维护费	0
损失	0
转产费	0
厂房租金	0
新市场开拓	5
ISO 资格认证	3
产品研发	11
信息费	0
合计	23

注意，损失主要是变卖生产线时产生的损失，即变卖时生产线净值高于残值的部分、紧急采购产品或原材料多付出的成本、未完成销售订单的违约金等。

3. 利润表

我们先学习利润表的构成及编制方法。

所得税税额计入资产负债表负债项目中的应纳税金，不支付现金，在下一年度"支付所得税"环节,缴纳所得税。在资金预算时,要预留足够现金。

根据第 1 年预算方案,填写利润表,如表 2-3 所示。

表 2-3 利润表

项目	运算符	本年数
销售收入		0
直接成本	−	0
毛利	=	0
综合费用	−	23
折旧前利润	=	−23
折旧	−	0
支付利息前利润	=	−23
财务收入/支出	−/+	0
税前利润	=	−23
所得税		0
净利润	=	−23

4. 资产负债表

年末要编制反映企业财务状况的资产负债表。根据第 1 年预算方案,填写资产负债表,如表 2-4 所示。

表 2-4 资产负债表

资产	期初数	期末数	负债和所有者权益	期初数	期末数
流动资产:			负债:		
现金	80	19	银行长期贷款	0	0
应收账款	0	0	银行短期贷款	0	87
在制品	0	0	应纳税金	0	
成品	0	0			
原料	0	0			
流动资产合计	80	19	负债合计	0	87
固定资产:			所有者权益:		
土地与建筑	0	40	股东资本	80	80
机器与设备	0	0	利润留存	0	0
在建工程	0	85	年度净利	0	−23
固定资产合计	0	125	所有者权益合计	80	57
资产总计	80	144	负债和所有者权益总计	80	144

任务 11　学习资金会预算，合理融资增收益

一、资金预算

资金管理是企业财务管理的重要工作之一。企业若要生存发展、做大做强，则必须要管好、用好资金。

1. 现金为王

企业要想可持续、科学地发展，则生存是第一位的，如何规避破产，是企业重点研究的问题。

企业破产有以下两种情况。

(1) 所有者权益为负，企业的本质是所有者权益最大化，所有者权益的下降必然成为规避的重点。

(2) 资金断流，企业现金不足，则会导致企业破产。资金是企业的"血液"，当然不能让"血液"断流。正因为如此，人们总结出了"现金为王"的原则。

2. 资金与权益

应收款收现一定的情况下，持有的资金越多，贷款越多，所付利息就越多，而利润会减少，权益也就下降。有的企业为避免资金断流，持有大量现金，致使资金闲置，造成浪费。股东投资是要经营者去赚取利润的，资金闲置就会使企业效益不佳，所有者权益的增加达不到预期目标，在竞争中处于下风。有时企业资金尚多，企业却破产了，可能是大量贷款致使企业财务支出过多，导致所有者权益为负的结果。

企业少持有现金，贷款和利息就少，权益下降也就少；但企业资金就少，购置的生产设备也会少，设备少产能就低，产能低想提高利润就很难，所有者权益也就难以增加；同时资金少可能会影响正常经营活动的进行，一旦资金断流，企业就会破产。

企业既要保证正常经营，不发生资金断流的现象，从而避免破产；又要合理安排资金，降低财务支出，避免资金浪费，使股东所有者权益最大化。

3. 资金预算

资金预算或称资产负债预算，它是对企业的资产、负债、所有者权益及其相互关系进行预算。

如果没有一个准确详细的资金预算，财务主管就会顾此失彼、穷于应付，最终焦头烂额、一塌糊涂。财务主管要根据企业总体战略，对未来几年的企业经营进行资金推演，这样才能运筹帷幄、游刃有余。

4. 预算涉及的内容

资金的合理安排是其他管理部门正常运转的有力保障。在制定资金预算时，要与营销主管、生产主管、供应主管认真沟通交流，准确把握他们的计划与资金需求，既要保证各个计划的正常执行，又要避免不必要的资金浪费。

资金涉及企业经营的全过程，预算也存在于经营的每一个环节和角落，预算涉及的主要业务内容包括：厂房购置、租赁资金的预算；生产设备购置安装资金的预算；贷款的安排及预算；产品研发费用的安排与预算；原材料购进资金的预算；生产加工费用的预算；应收款回收、贴现的预算；税金计算与安排；广告费用的匡算与安排；市场开拓费用的预算；ISO 认证费用的安排与预算；生产设备维修维护费用的预算；管理费用的预算；其他融资的应急安排；其他费用的计算与安排；其他收支的安排与预算等。

二、企业融资管理

(1) 长期贷款和短期贷款的选择。长期贷款的贷款周期长，从第 2 年开始长期贷款在整个经营周期内只需付息，不需还本。但长期贷款利率高，企业的财务费用高，从而影响利润的获得，最终减少所有者权益，使得经营成绩降低。需要注意的是，第 1 年贷出的长期贷款，需要在最后 1 年的年初还本付息，所以在最后 1 年的年初需要准备充足的现金。

短期贷款利率低，但贷款期限只有 1 年，1 年后要还本付息，对于流动资金有一定的压力。企业可以采取每一季度贷款数额一致，形成"贷滚贷"的模式。如果有某季度需要大量资金支出，则可以在本季度多贷短期贷款，以满足资金需求。

(2) 贷款和贴现的选择。两者要结合起来使用。如果现金紧张，则先将贷款贷出，现金缺口用贴现的方法弥补。如果现金宽松应收款较多，则减少贷款，贴现部分应收款。虽然贷款和贴现费用相差不多，但若为了合理避税、隐藏利润，则可以利用贴现实现。

(3) 库存拍卖的应用。在现金不足出现短缺时，如果没有贷款额度，也没有应收款可以贴现，企业面临现金断流，为挽救企业，避免破产，则可以采取库存拍卖的紧急应对措施。由于此方法会产生巨大的损失，所以要尽量避免使用。

在模拟经营活动中，一般是多贷短期贷款，尽量减少利息支出，这样财务费用就低，对利润的负面影响就小，可以保障所有者权益的增长。

(4) 账期。订单存在账期，账期是指从生产商、批发商向零售商供货后，到零售商付款的这段时间周期。在 ERP 沙盘模拟中，按订单交付产品后，销售收入(即应收款)在当季得不到，需要几个季度(从订单交货的季度算起)货款才能收回，得到现金，这种订单就属于有账期的订单。

账期过长会对企业造成如下一些不良后果。

(1) 资金负担。资金负担加大。

(2) 经营风险。账期可能使企业资金周转不畅，甚至现金断流，给正常运营带来风险。

(3) 企业的资金是有限的，资金压力将影响企业的后期发展。

(4) 打乱企业原有的经营秩序和计划。

针对有账期的订单，有如下应对方法：一是多贷款，储备大量的"现金"；二是适当增加广告费用，争取优先选单权，选取无账期的订单；三是将应收款贴现。如何应对账期带来的挑战和机遇，选取恰当的策略，确定最佳的方法，学生要在经营实践中不断探索，寻求答案。

模块二　第 2 年经营

任务 12　研读询盘资料，明晰竞争环境

一、询盘资料

每一年经营结束后，各个企业的情况有了不同的发展，此时即可安排询盘(间谍)活动，以了解其他竞争对手的情况。"知己知彼，百战不殆"，对自己企业内部条件掌握的同时，也要掌握对手情况，分析竞争环境，寻找突破口。

用 Excel 设计简洁、实用的表格，记录询盘信息，形成询盘信息表。利用 Excel 数据处理能力，进行快速、准确的数据运算及处理，表格结构形式多样，初学者可使用简易简洁的询盘信息表(如表 2-5 所示)，熟练后可使用全面系统的询盘信息表(如表 2-6 所示)。如果询盘间谍时间充分，则可以多采集信息(如表 2-6 所示)，同时分析信息资料，全面认知竞争环境、竞争境况、对手情况等，占据有利地位，针对性地采取合理措施，取得竞争优势。参赛者可根据各自团队的需求与习惯，增减项目，设计自己使用的询盘(间谍)信息表。

为了方便大家理解询盘记录表的使用，以上一节经营记录表为例，填写询盘记录表。

表 2-5　简易简洁的询盘信息表

序号	现金	生产线						在制+库存				原材料				产品研发			
		P1	P2	P3	P4	柔	手	P1	P2	P3	P4	R1	R2	R3	R4	1	2	3	4
1	19		2	1		2						3	2	5/5	3/5	✓	✓		4
2																			
3																			
4																			
5																			
6																			
7																			
8																			
9																			
10																			
合计																			

注：表 2-5 是询盘信息记录表的缩略版，有些项目和内容未列出，可以根据本企业的实际需要取舍项目和添加内容。

询盘信息表中各项的填写说明如下。

(1) 权益：填写当年结束时的所有者权益。后续几年对于权益较高的组及与本组权益

接近的主要竞争对手要重点间谍。

(2) 资金：现金填写年末的现金余额，应收填写应收账款余额。现金加应收账款贴现是下一年能够投放广告的上限。

(3) 生产线：自动线转产是需要转产周期和转产费用的，所以一般不让自动线转产，P1、P2、P3、P4 填写生产对应产品的自动线的数量，如新建 2 条 P2 自动线，一条 P3 自动线，就在 P2 对应的方格中填 2，在 P3 对应的方格中填 1。柔性线和手工线可以随时转产，列在柔、手对应的方格中。

(4) 在制：填写生产线上在制品的情况。模块一中第 1 年生产线都还是在建状态，所以生产线上没有在制品。后续年份记录在制品可以方便了解竞争对手第 1、2 季度可交货产品的情况。

(5) 库存信息：填写产品库存情况。产品库存加上本年生产线生产数量是本组当年的总产能。

(6) 原材料：填写原材料订货及库存情况。R1、R2 采购提前期为 1 季，直接填写第 4 季度订货情况即可，如果该小组有 R1、R2 的材料库存，则直接与第 4 季度订购的 R1、R2 材料合并即可。R3、R4 采购提前期为 2 季，第 3 季度需要订购第 1 季度要用的材料，第 4 季度需要订购第 2 季度要用的材料，中间用斜线分隔，如果有 R3、R4 的库存，则与第 3 季度订购的 R3、R4 材料合并。例如，模块一中，第 3 季度订购 3 个 R4，第 4 季度订购 5 个 R4，记录为 3/5。记录原材料采购信息可以让企业大致了解竞争对手的生产安排情况，包括是否转产、是否会在下一年新建手工生产线等。

(7) 市场开拓：填写市场开拓情况，1 代表本地市场，2 代表区域市场，3 代表国内市场，4 代表亚洲市场，5 代表国际市场，开拓完成打钩，未开拓完成填写已投资期数。例如，模块一中，本地市场、区域市场开拓完成，国内、亚洲、国际市场分别投资了 1 期，还需要继续投资。

(8) ISO 认证：填写 ISO 投资情况，开拓完成打钩，未开拓完成填写已投资期数。例如，模块一中，ISO 9k 投资了 1 期、14k 投资了 1 期。

(9) 产品研发：填写产品研发情况。产品研发完成打钩，未研发完成填写已投资金额。例如，模块一中，第 1 年完成了 P2、P3 的研发，则在对应的方格中打钩，P4 投资了 4 个季度，还差 1 个季度投资完成，则在方格中记录已投资期数 4 次。产品研发情况非常重要，可以让企业了解各个产品的分布情况，也就是几个组做 P1、几个组做 P2 等，也让企业了解了主要竞争对手是谁。结合市场预测，企业就能大概知道哪个产品比较宽松，哪个产品竞争激烈，产品研发询盘时一定不要询错。

二、询盘资料的分析利用

1. 询盘资料的汇总分析

通过询盘活动，掌握了大量的信息资料，企业要进行分析研究，加以利用。重点资料分析如下。

(1) 产品生产资格。汇总每一种产品的研发生产企业数量，明确各个产品销售的难易程度，寻找本企业主打产品，合理安排本企业产品竞争策略。

(2) 市场开发。明确每一市场开发企业数量，结合市场细分，合理安排本企业销售策略。

(3) 质量认证。明确汇总每一企业 ISO 认证情况，针对相关订单，做出合理判断，得到应对策略。

(4) 产能。根据各企业的生产设备情况即可计算出最大产能，从而汇总出本年度全部企业的产能。与市场需求比较，需知悉供需关系，找出本企业主打产品。

(5) 供给数量。根据库存、产能可以计算出各个企业的各个产品的供给数量，制定合理的广告策略。

(6) 现金分析。现金的多少会影响广告投放费用的多少及选单的策略。

(7) 明确竞争对手。找出有潜力的、与策略相近的企业，明确针对目标；找出对手的弱点、优点，寻找外部机会与威胁，学习他人优点，强大自己。

2. 询盘资料的利用

通过市场分析，认知市场的需求特征与特点，结合市场需求变化，再次对询盘资料进行分析利用，有关分析如下。

(1) 利用市场需求信息。如果可能销售的产品总数量(包括自己的企业)小于市场总需求，则投放比较少的广告，就可以完成预期的销售数量；反之，如果可能销售的产品总数量大于市场总需求，则应投放比较多的广告，抢占有利地位，才能完成预期的销售数量。

(2) 确定营销目标：希望实现的销售数量、毛利等。

(3) 推断对手的广告投放策略。

(4) 寻求破解策略。结合市场特征和竞争环境情况，寻求针对竞争对手的合理策略。

(5) 确定销售策略：制定合理的营销策略、广告投放计划、选单计划等。

具体的分析结论为企业的决策提供了可靠的、重要的依据，即可有针对性地采取正面交锋、回避或遏制等策略，制约竞争对手，壮大自己。

平时，要注意各个企业广告投放习惯及记录对手取得的订单等内容，每个人都有自己做事的习惯，了解对手的习惯，掌握他们的弱点，才能准确打击对手，这些既需要理性的认识(把握实质和利用数据分析)，又需要准确的判断。因此，我们要认真了解对手的客观情况，研究对手的策略，针对其行动的特点找到破解的方法。

企业若想达成销售目标，则需要丰富的营销策略和高超的广告投放技巧。销售情况将直接决定企业的经营成果，营销主管冲锋陷阵的"排头兵"特征在第3年开始得到体现。因此，营销主管要制定有效的销售策略及合理的销售计划，采用恰当的广告技巧，合理分配广告费用，争取以最少的广告费用，选取到毛利多、毛利率高的订单。这既需要严谨的数据分析，又需要敏锐的观察、准确的判断和恰当的决策，因此，营销主管要在实践中思考、评价，不断提高营销能力，力争尽早成为一个优秀的营销管理者。

任务 13　完成第 2 年年度经营操作

一、询盘(间谍)活动

1. 询盘及信息

按照比赛规定方法，快速获取各个企业资源情况，掌握竞争环境情况。

下面以一份 8 组的范例间谍信息来具体讲解询盘活动，如表 2-6 所示。

表 2-6　8 组范例间谍信息表

序号	权益	资金		生产线						在制			
		现金	应收	P1	P2	P3	P4	柔	手	P1	P2	P3	P4
1	57	19			2	1		2					
2	63	31		2	2								
3	62	19		2		2		1					
4	62	24		1	2			2					
5	61	29			1	1		3					
6	61	23						4					
7	55	22		2		2		2					
8	64	32		2		2							
合计				9	7	8		14					

库存信息				原材料				市场开拓					ISO 认证		产品研发			
P1	P2	P3	P4	R1	R2	R3	R4	1	2	3	4	5	9k	14k	P1	P2	P3	P4
				3	2	5/5	3/5	✓	✓	1	1	1	1	1		✓	✓	4
				2	2	2/2		✓	✓	1	1	1	0	0	✓	✓		
				5		3/3	3/3	✓	✓	1	1	1	1	1	✓		✓	
				2	3	3/4	0/4	✓	✓	1	1	0	1	1	✓	✓		4
				3	3	5/5	3/3	✓	✓	1	1	1	1	1		✓	✓	
					4	4/4	0/8									✓		4
				6		2/4	2/6	✓	✓	1	1	1	1	1	✓		✓	4
				4		2/2	2/2	✓	✓	1	1	1	1	0	✓		✓	
								8	8	8	8	7	7	6	5	5	5	4

通过表 2-6 的间谍信息表，可以得出以下信息。

1) 生产线信息

各小组建设了 24 条自动线，14 条柔性线，共计 38 条生产线，第 2 年每条生产线可以完工 3 个产品，共计完工 114 个产品，市场预测中第 2 年 P1、P2、P3、P4 产品的总需求量为114，供需相等，整体竞争不激烈，产品基本都能卖光。

2) 产品研发信息

5个小组研发 P1，5个小组研发 P2，5个小组研发 P3，4个小组研发 P4，如表2-7所示。市场预测中第2年 P1、P2、P3、P4 产品的订单张数最小值分别为 6、6、5、4，也就是说理论上每个小组都能在市场拿到订单，只是订单有大有小。

表 2-7　产品研发情况汇总

产品	P1	P2	P3	P4
研发组数	5	5	5	4

3) 市场开拓，ISO 认证信息

4组没有开拓国际市场，2组没有投资 ISO 9k，2组和9组没有投资 ISO 14k。

4) 产能分析

前面已经知道了整体的供需状况，但是不知道具体到 P1、P2、P3、P4 产品的供需关系，因此，还需要把柔性线产能拆分到具体的产品。可能有的同学会问：柔性线是随时可以转产的，那么怎么知道我的竞争对手是生产哪个产品呢？这就是为什么我们要收集原材料信息和生产线在制情况。柔性线的在制确定了第1季度要完工的产品是什么，通过原材料订单信息能大概知道第1、2季度要生产什么，也就是第2季度和第3季度要完工的产品是什么。通过这两个信息也就大概知道柔性线的生产安排了。

我们还是以模块一，也就是这里的第1小组为例，第2年第1季度入库的原材料 R1、R2、R3、R4 分别为 3、2、5、3，根据产品组成规则，P2 需要 R2+R3，P3 需要 R1+R3+R4，P4 需要 R2+R3+2R4，有两条 P2 自动线，一条 P3 自动线，总共需要 1 个 R1，2 个 R2，3 个 R3，1 个 R4，扣减掉自动线生产所需原材料之后还剩 2 个 R1，2 个 R3，2 个 R4，即可知道该小组第2年第1季度2条柔性线都要生产 P3。第2年第2季度入库的原材料为 5 个 R3，5 个 R4，第2季度生产所需的 R1、R2 材料在第2年第1季度订购即可，所以这里还不知道。但是通过 R4 的订购信息就能知道柔性线要生产什么了，一条自动线生产 P3 需要一个 R4 材料，还剩下 4 个 R4 材料，2 条柔性线基本就是要生产 P4 了。当然有的同学可能会说，柔性线也可以生产 P3，多余材料可以下个季度再用。确实是这样的，而且大多数的小组在订购柔性线的材料时也会多订一点材料来确保柔性线可以随时转产想生产的产品。但是，我们通过询盘信息大概去猜竞争对手的生产安排即可，做不到也并不需要完全精确。产能计算表，如表 2-8 所示。

表 2-8　产能计算表

序号	固定产能				柔性产能				合计产能			
	P1	P2	P3	P4	P1	P2	P3	P4	P1	P2	P3	P4
1		6	3				2	4	0	6	5	4
2	6	6							6	6	0	0
3	6		6		1		2		7	0	8	0
4	3	6			1	1		4	4	7	0	4
5		3	3			5	4		0	8	7	0
6						6		6	0	6	0	6
7	6		6		2			4	8	0	6	4
8	6		6						6	0	6	0
合计									31	33	32	18

通过表 2-8 可以看出，供给情况已经很清晰，再结合市场预测，可以得出产能与需求情况，如表 2-9 所示。

表 2-9　产能与需求对比

产品	P1	P2	P3	P4
供给量	31	33	32	18
需求量	35	35	26	18

从表 2-9 中可以看到，P1、P2 产品供小于求，P4 产品供需相等，P3 产品供大于求，通过这个对比再投广告的时候就比较准确了。

2. 广告投放范例

下面举例讲解广告投放的过程，仅供参考，实际广告投放还要结合市场情况分析。

1）P1 广告投放范例

一共有 5 个小组研发了 P1，具体小组和产能如表 2-10 所示。

表 2-10　P1 产能计算表

组号	2	3	4	7	8
P1 产能	6	7	4	8	6

由表 2-9 可知，P1 产品供小于求，理论上 5 个小组都能卖掉手里的 P1，所以 P1 不需要投入太多的广告。P1 第 2 年详单如表 2-11 所示，我们以表 2-10 中的 2 组为例，2 组需要卖掉 6 个 P1，本地市场订单金额排名第 5 位的是数量为 3、总价为 14W 的订单，也就是说投放 1W 的广告就可以选到数量 3 的订单；区域市场排名第 5 位的是数量为 2、总价为

9W 的订单，也就是说投 1W 可以选到数量 2 的订单。那我们是否需要在区域市场多投一点儿去争取数量 3 的订单呢？其实不是很必要，因为 4 组只卖 4 个 P1，如果其在本地市场选了数量 3 或数量 2 的订单，那么只需要在区域市场选数量 1 或数量 2 的订单即可，所以去掉 4 组，只剩 4 个组去选数量 3 或 4 的订单，只要 3 组或 7 组在本地市场拿两轮选单，就可稳稳地选到数量 3 的订单了。因此，2 组只需卖掉 6 个 P1、本地市场投 1W、区域市场投 1W 即可。

表 2-11 P1 第 2 年详单

订单编号	年份	市场	产品	数量	总价	交货期	账期	ISO
10-0001	第 2 年	本地	P1	3	14W	4 季	2 季	—
10-0002	第 2 年	本地	P1	4	20W	4 季	2 季	—
10-0003	第 2 年	本地	P1	3	15W	4 季	1 季	—
10-0004	第 2 年	本地	P1	1	6W	4 季	0	—
10-0005	第 2 年	本地	P1	2	9W	4 季	1 季	—
10-0006	第 2 年	本地	P1	4	19W	3 季	2 季	—
10-0007	第 2 年	本地	P1	3	14W	4 季	2 季	—
10-0024	第 2 年	区域	P1	3	15W	3 季	2 季	—
10-0025	第 2 年	区域	P1	3	14W	4 季	2 季	—
10-0026	第 2 年	区域	P1	2	9W	4 季	2 季	—
10-0027	第 2 年	区域	P1	4	21W	4 季	2 季	—
10-0028	第 2 年	区域	P1	1	6W	2 季	0	—
10-0029	第 2 年	区域	P1	2	11W	4 季	2 季	—

2) P2 广告投放范例

一共有 5 个小组研发了 P2，具体小组和产能如表 2-12 所示

表 2-12 P2 产能计算表

组号	1	2	4	5	6
P2 产能	6	6	7	8	6

由表 2-9 可知，P2 产品供小于求，根据表 2-13 中 P2 第 2 年的详单，区域市场有一张交货期为 1 的订单各组都无法选择，是一张废单，那么 P2 的需求量就是 34，供给量是 33，基本算是供需平衡，而且因为 P3 供大于求，所以有的小组会把预期的产能从 P3 转到 P2 上来，主要是 5 组，所以说 P2 的竞争要比 P1 大一些。我们以表 2-12 中的 1 组为例，1 组需要卖掉 6 个 P2，本地市场订单金额排名第 5 位的是数量为 2、总价为 13W 的订单，也就是说投放 1W 的广告就可以选到数量 2 的订单；区域市场排名第 5 位的是数量为 3、总价为 21W 的订单，也就是说投 1W 可以选到数量 3 的订单。那我们是否需要多投一点儿去争取卖掉 6 个 P2 呢？其实是可以考虑的。首先看本地市场，如果排名第 5 位，则可以选数

量为 2、总价为 13W 的订单，毛利是 7W；如果排名上升 2 位，来到第 3 位，则可以选数量为 3、总价为 21W 的订单，毛利是 12W。因此我们可以考虑在本地市场多投 2W 广告费。那我们是否可以在区域市场多卖一点儿呢？区域市场有 7 张订单，但是有一张是废单，也就是有效订单为 6 张，排名第 1 的组，可以选数量为 4、总价为 29W 的订单，并且可以再选一张数量为 2、总价为 15W 的订单，这样一来在区域市场排名第 1 还是很有吸引力的。7 组、8 组需要去竞争，他们投 1W 观望更为合适。因此，1 组只需卖掉 6 个 P2，本地市场投 3W，区域市场投 1W 即可。

表 2-13 P2 第 2 年详单

订单编号	年份	市场	产品	数量	总价	交货期	账期	ISO
10-0008	第 2 年	本地	P2	4	28W	4 季	1 季	—
10-0009	第 2 年	本地	P2	2	14W	4 季	1 季	—
10-0010	第 2 年	本地	P2	3	22W	4 季	3 季	—
10-0011	第 2 年	本地	P2	2	13W	3 季	1 季	—
10-0012	第 2 年	本地	P2	1	8W	4 季	0	—
10-0013	第 2 年	本地	P2	3	21W	3 季	2 季	—
10-0030	第 2 年	区域	P2	3	22W	3 季	1 季	—
10-0031	第 2 年	区域	P2	3	21W	4 季	2 季	—
10-0032	第 2 年	区域	P2	4	28W	4 季	1 季	—
10-0033	第 2 年	区域	P2	1	8W	1 季	4 季	—
10-0034	第 2 年	区域	P2	3	23W	4 季	1 季	—
10-0035	第 2 年	区域	P2	2	15W	3 季	2 季	—
10-0036	第 2 年	区域	P2	4	29W	3 季	2 季	—

3) P3 广告投放范例

一共有 5 个小组研发了 P3，具体小组和产能如表 2-14 所示。

表 2-14 P3 产能计算表

组号	1	3	5	7	8
P3 产能	5	8	7	6	6

由表 2-9 可知，P3 产品供大于求，P3 的需求量是 26，供给量是 32，有 6 个产能富余，那么这 6 个产能要么转产到 P1 或 P2，要么就得库存。我们以表 2-14 中的 1 组为例，1 组需要卖掉 5 个 P3，通过表 2-15 所示的 P3 第 2 年详单可知，本地市场订单金额排名第 5 位的是编号为 10-0017 的数量为 2、总价为 16W 的订单，也就是说投放 1W 的广告就可以选到数量为 2 的订单，区域市场排名第 5 位的是编号为 10-0040 的数量为 1、总价为 9W 的订单，也就是说投 1W 可以选到数量为 1 的订单。这样，若两个市场各投 1W，则只能卖

掉 3 个 P3，那么我们就得想办法多投一点儿去争取卖掉 5 个 P3。首先看本地市场，如果排名在第 5 位，则可以选数量为 2、总价为 16W 的订单，毛利是 8W；如果排名上升到第 3 位，则可以选编号为 10-0014 的数量为 3、总价为 25W 的订单，毛利是 13W，可以考虑在本地市场多投 3W 广告费。区域市场有 5 张订单，没有回单，第 5 名是编号为 10-0040 的数量为 1、总价为 9W 的订单，毛利是 5W，排名上升 1 位，就可以选编号为 10-0041 的数量为 2、总价为 17W 的订单，毛利为 9W，可以考虑在区域市场多投 2W 广告费。综上，P3 的广告投放有以下 3 种思路。

(1) 在本地市场投 4W，区域市场投 3W 即可。这样，总共投放 7W 广告，所选订单的产品数量为 3+2，总价为 25W+17W，总毛利为 22W。

(2) 在本地市场投 1W，选数量为 2、总价为 16W 的订单，在区域市场争取前 2 名，投 5W，选数量为 3、总价为 25W 的订单。这样，总共投放 6W 广告，所选订单的产品数量为 2+3，总价为 16W+25W，毛利为 21W。

(3) 在本地市场争取第 1 名选单，投 7W，选数量为 4+1、总价为 34W+9W 的订单。这样，总共投放 7W 广告，所选订单的产品数量为 4+1，总价为 34W+9W，毛利为 23W。

以上 3 种思路达成销售预期的可能性都比较大，订单毛利扣除广告费之后收益也差不多，第一种思路和第二种思路的收益一样，第三种思路高 1W。但是 3 种思路的风险偏好是不一样的：第一种思路是稳健型，广告排名第 3 名和第 4 名即可，单个市场投入的广告额不高也不低；第二种思路风险偏好就高一些，需要区域市场拿到排名第 2 的订单，但是本地市场只需要第 5 位；第三种思路的风险偏好就更高了，所有订单集中在一个市场，万一与其他小组思路"撞车"，就可能卖不掉 5 个产品而只能卖掉 3 个了，但是这样选单 5 个 P3 的订单毛利是最高的。

表 2-15 P3 第 2 年详单

订单编号	年份	市场	产品	数量	总价	交货期	账期	ISO
10-0014	第 2 年	本地	P3	3	25W	4 季	2 季	—
10-0015	第 2 年	本地	P3	4	34W	4 季	2 季	—
10-0016	第 2 年	本地	P3	1	9W	3 季	2 季	—
10-0017	第 2 年	本地	P3	2	16W	3 季	2 季	—
10-0018	第 2 年	本地	P3	3	26W	4 季	3 季	—
10-0019	第 2 年	本地	P3	2	17W	4 季	1 季	—
10-0037	第 2 年	区域	P3	3	25W	2 季	1 季	—
10-0038	第 2 年	区域	P3	2	17W	4 季	2 季	—
10-0039	第 2 年	区域	P3	3	26W	4 季	3 季	—
10-0040	第 2 年	区域	P3	1	9W	4 季	1 季	—
10-0041	第 2 年	区域	P3	2	17W	3 季	2 季	—

销售总监在广告投放时要有拆解迷局的能力，在产品较难销售及广告预算有限的情况下，通过订单的拆分及在不同市场制定不同的广告策略，以保证公司利润的最大化。因此，销售总监要目标明确、思路清晰、主动出击、自信、坚决，方能立于不败之地。

4) P4 广告投放范例

一共有 4 个小组研发了 P4，具体小组和产能如表 2-16 所示。

表 2-16　P4 产能计算表

组号	1	4	6	7
P4 产能	4	4	6	4

由表 2-9 可知，P4 产品市场预测是供需相等的，根据表 2-17 中 P4 第 2 年的详单可知，本地市场有一张交货期为 2 的订单，P4 的研发是 5 个季度，因此这张订单各组都无法选择，是一张废单。另外，在 P4 的订单中，本地市场和区域市场各有一张数量为 3、交货期为 3 的订单，但是生产 P4 的 4 个小组中，只有 6 组有 4 条柔性线，可以在第 3 季度完工 4 个 P4，其他 3 个小组都只有 2 条柔性线，只能完工 2 个 P4，也就是本地或区域市场有一张数量为 3、交货期为 3 的订单无法被选择，那么 P4 的有效需求量就是 14，供给量是 18，实际上是供大于求的。

我们以表 2-16 中的 1 组为例，1 组需要卖掉 4 个 P4，但该组在本地市场有两张订单不能选，可选订单只有 2 张，即数量为 3、总价为 31W 和数量为 1、总价为 11W 的订单；在区域市场有一张订单不能选，可选订单中有 3 张，即数量为 3、总价为 32W 的订单，数量为 2、总价为 21W 的订单，数量为 1、总价为 11W 的订单。4 组、7 组与 1 组的处境是一样的，卖掉 4 个 P4 只有两种组合，即本地选数量为 2 的订单，区域选数量为 2 的订单；或者本地选数量为 3 的订单，区域选数量为 1 的订单。而每种数量的订单都只有一张，例如，若本地市场选到数量为 2 的订单，则区域市场只能选数量为 2 或数量为 1 的订单，而不能选数量为 3 的订单。而 6 组的选择对这 3 个小组的影响非常大，因为 6 组有 4 条柔性线，P4 的产能有可能从 6 增加到 8，若柔性线全生产 P4，则 P4 的情况会变得更加复杂。如果 6 组选择在本地市场"吃掉" 3 个交货期的订单，则 1、4、7 三个小组还有两张订单可选。如果 6 组选择在本地市场重投抢数量为 3、交货期为 4 的订单，并且回单选数量为 3、交货期为 3 的订单，则 1、4、7 三个小组本地市场只剩一张订单可选。有的同学可能会说，可以在本地市场重投去争抢数量为 3、交货期为 4 的订单。但是选 3 个 P4 与选 6 个 P4 广告的量级是没法比的，6 个 P4 的毛利是 33W，3 个 P4 的毛利只有 16W。因此 P4 多投广告的意义已经不大，而且风险很高，所以选择调整广告策略，降低 P4 的销售预期，卖 2 个左右的 P4，剩余的产能去卖 P2 或 P3。广告投放本地市场投 0，区域市场投 2W，以免重投广告但依然没选到订单造成更大的损失，这样基本可以在区域市场选 1 个 P4，如果运气比较好，6 组在区域市场选数量为 3、交货期为 3 的订单时，很可能选到数量为 2 的 P4。

当然面临这种困难处境的主要原因还是制定方案时对详单的研究不够仔细，没能提前预知到 P4 详单中对方案的限制(需要至少 3 条自动线或柔性线生产 P4 产品)，从而选择更适配详单的方案。

在实际比赛过程中，赛题下发一般只有规则、市场预测，或许有模拟订单，但正式比赛详单要到进入比赛现场之后才下发，这也是对参赛选手应变能力的考验。参赛选手在准备方案时主要是参考市场预测来做，根据详单或自己拆分的详单进行方案推演。进入赛场下发正式详单之后参赛选手要认真查看详单，尤其是第 2 年的详单更是要着重查看。如果详单与参赛选手的预期有较多出入，则要及时调整方案。以 P4 第 2 年详单为例，如果市场上有 2 张数量为 3、交货期为 3 的订单，则在选择做 P4 产品时，就至少要有 3 条柔性线；否则，参赛选手在参赛过程中就比较被动。

表 2-17 P4 第 2 年详单

订单编号	年份	市场	产品	数量	总价	交货期	账期	ISO
10-0020	第 2 年	本地	P4	3	32W	3 季	2 季	—
10-0021	第 2 年	本地	P4	2	22W	3 季	2 季	—
10-0022	第 2 年	本地	P4	1	11W	2 季	0	—
10-0023	第 2 年	本地	P4	3	31W	4 季	2 季	—
10-0042	第 2 年	区域	P4	2	21W	4 季	2 季	—
10-0043	第 2 年	区域	P4	3	32W	4 季	2 季	—
10-0044	第 2 年	区域	P4	3	31W	3 季	2 季	—
10-0045	第 2 年	区域	P4	1	11W	4 季	2 季	—

5) 1 组最终广告投放范例

根据前面产品广告的讲解可知，1 组在第 2 年初步广告投放如表 2-18 所示。

表 2-18 1 组第 2 年广告投放 1

	P2	P3	P4
本地广告投放	3	4	0
本地预选订单产品数量	3	3	
本地广告投放	1	3	2
本地预选订单产品数量	3	2	2

由于 P4 的复杂局面，实际上无法完成销售 4 个 P4 的目标，所以就需要将这两个多出来的产能去销售 P2 或 P3。回顾 P2、P3 的供需关系，因为 P2 市场更宽松，所以 1 组可以选择增加 P2 的广告，多卖两个 P2。

1 组调整之后的最终广告投放如表 2-19 所示。

表 2-19　1 组第 2 年广告投放 2

	P2	P3	P4
本地广告投放	1	4	0
本地预选订单产品数量	2	3	
本地广告投放	5	3	2
本地预选订单产品数量	4+2	2	2

二、年初阶段经营

2-0-1　新年度规划会议。团队研讨，共商企业发展大计。

2-0-2　广告投放。根据市场需求情况、凭据明确的竞争企业状况、按照经营规则、遵循营销方案、执行广告计划，向市场投放广告。

2-0-3　参加订货会选订单/登记订单。查看其他企业广告投放实情，选取订单。

2-0-4　支付应付税(25%)。上交上一年度计算所得的企业所得税税金，完成缴纳所得税。

2-0-5　支付长贷利息。支付由于长期贷款而产生的贷款利息。

2-0-6　更新长期贷款/长期贷款还款。更新长期贷款的时间；如有到期贷款，则要偿还本金。

2-0-7　申请长期贷款。根据规则，按照资金预算，选择是否进行本操作。

三、年中阶段

2-*-1　季初盘点(请填余额)。结算年初资金情况，填写现金余额。

2-*-2　更新短期贷款。

2-*-3　申请短期贷款。根据预算安排，严格执行计划，合理进行短期贷款。

2-*-4　原材料入库/更新原料订单。

2-*-5　下原料订单。依据企业规划，遵照生产计划，合理下原料订单。

1-*-6　购买/租用厂房。依据企业规划，遵照计划，执行购买或租赁厂房的操作。

1-*-7　更新生产/完工入库。

1-*-8　新建/在建/转产/变卖生产线。

1-*-9　紧急采购(随时进行)。根据企业需要，可以随时进行。

1-*-10　开始下一批生产。开始新一批次的生产。

1-*-11　更新应收款/应收款收现。

1-*-12　按订单交货。当成品库中有满足订单的成品时，要及时向客户送达，完成订单。

1-*-13　产品研发投资。开展产品的研发投资，取得生产资格，保障生产的开展。

1-*-14　厂房出售/退租/租转买。根据企业需要，可以随时进行。

1-*-15　新市场开拓/ISO 资格投资。

1-*-16　支付管理费/更新房租。每一季度都要及时支付工商管理费，不得拖延。

1-*-17　出售库存。根据企业需要，可以随时进行。

1-*-18 厂房贴现。根据企业需要,可以随时进行。
1-*-19 应收款贴现。根据企业需要,可以随时进行。
1-*-20 本季收入合计。预算、记录手工合计,用以对账,非操作项目。
1-*-21 本季支出合计。预算、记录手工合计,用以对账,非操作项目。
1-*-22 季末数额对账(本季结束)。对本季收支账目进行结算。

四、年末阶段

1-5-1 缴纳违约订单罚款(20%)。支付总价20%的违约金。
1-5-2 支付设备维护费。
1-5-3 计提折旧。按照规则规定,计提折旧,但此项不用支付现金。
1-5-4 结账(本年结束)。本年度经营活动结束,总计结账。

第2年企业经营结束,将操作记录在表格内,形成经营记录表。第2年企业经营记录表,如表2-20所示。

表2-20 第2年企业经营记录表

	操作流程	手工记录			
年初	初始资金(召开新年度规划会议)	19			
	广告投放	15			
	参加订货会选订单/登记订单				
	支付应付税				
	支付长贷利息				
	更新长期贷款/长期贷款还款				
	申请长期贷款	24			
1	季初盘点	28	37	30	18
2	更新短期贷款/短期贷款还本付息	0	30	30	30
3	申请短期贷款	29	49	40	29
4	原材料入库/更新原料订单	13	15	11	15
5	下原料订单	1/4/5/1	1/4/5/5	1/4/6/6	2/4/6/6
6	购买/租用——厂房				
7	更新生产/完工入库				
8	新建/在建/转产/变卖——生产线		5	5	5
9	紧急采购(随时进行)				
10	开始下一批生产	5	5	5	5
11	更新应收款/应收款收现				32
12	按订单交货				
13	产品研发投资	1			

(续表)

	操作流程	手工记录			
14	厂房——出售(买转租)/退租/租转买				
15	新市场开拓/ISO 资格投资				6
16	支付管理费/更新厂房租金	1	1	1	1
17	出售库存				
18	厂房贴现				
19	应收款贴现				18
20	季末收入合计	29	49	40	79
21	季末支出合计	20	56	52	62
22	季末数额对账	37	30	18	35
年末	缴纳违约订单罚款				
	支付设备维护费				10
	计提折旧				
	结账				25

对于第 2 年经营的关键决策,说明如下。

(1) 根据市场预测,第 3 年市场将进一步扩大,所以在第 2 年新建一条 P3 的自动线。

(2) 由于第 4 季度现金余额不足以偿还短期贷款的本息,所以需要贴现第 3 季度交单形成的应收账款。填写应收款 20W,支付贴现息 2W,收到现金 18W,因此在表格中填写 18。

(3) 假设第 2 年企业选单情况如表 2-21 所示。

表 2-21 第 2 年企业选单情况

订单年份	市场	产品	数量	总价	交货期	账期	ISO	交单时间
第 2 年	本地	P2	2	14W	4 季	1 季	—	4 季
第 2 年	区域	P2	2	15W	3 季	2 季	—	2 季
第 2 年	区域	P2	4	29W	3 季	2 季	—	3 季
第 2 年	本地	P3	3	25W	4 季	2 季	—	4 季
第 2 年	区域	P3	2	17W	3 季	2 季	—	2 季
第 2 年	区域	P4	2	21W	4 季	2 季	—	4 季

五、年终报表

1. 产品核算表

产品核算表的资料来源于订单登记表,由会计主管(财务主管)将其中已经交货的相同产品的订单项目合计填入产品核算表中,并合计本年度全部产品销售数据。

第 2 年产品核算统计表的填写如表 2-22 所示。

表 2-22 第 2 年产品核算统计表

项目	P1	P2	P3	P4	合计
数量		8	5	2	15
销售额		58	42	21	121
成本		24	20	10	54
毛利		34	22	11	67
库存					

2. 综合费用表

综合费用中各项费用的具体数据来源于系统中对应费用的金额，或者在预算表中具体体现。第 2 年综合管理费用明细表，如表 2-23 所示。

表 2-23 第 2 年综合管理费用明细表

单位：万元

项目	金额
管理费	4
广告费	15
设备维护费	10
损失	
转产费	
厂房租金	
新市场开拓	3
ISO 资格认证	3
产品研发	1
信息费	
合计	**36**

3. 利润表

年末要编制企业经营成果的利润表。根据第 1 年的预算方案，第 2 年利润表的填写如表 2-24 所示。

表 2-24 第 2 年利润表

项目	本年数
销售收入	121
直接成本	54

(续表)

项目	本年数
毛利	67
综合费用	36
折旧前利润	31
折旧	0
支付利息前利润	31
财务收入/支出	5
税前利润	26
所得税	1
净利润	25

当所有者权益高于初始资本时，应按所得税规定缴纳税款。初次纳税计算如下：当上年权益<初始资本且尚未缴纳所得税时，纳税数额=(上年权益+本年税前利润-初始资本)×25%(四舍五入取整)。本例属于初级纳税，上年权益为57<80，纳税数额=(57+26-80)×25%=3×25%=0.75，四舍五入为1。

4. 资产负债表

年末要编制反映企业财务状况的资产负债表。根据第1年预算方案，第2年资产负债表的填写如表2-25所示。

表2-25　第2年资产负债表

资产	期初数	期末数	负债和所有者权益	期初数	期末数
流动资产：			负债：		
现金	19	25	银行长期贷款	0	24
应收账款	0	69	银行短期贷款	87	147
在制品	0	20	应纳税金	0	1
成品	0	0			
原料	0				
流动资产合计	19	114	负债合计	87	172
固定资产：			所有者权益：		
土地与建筑	40	40	股东资本	80	80
机器与设备	85	85	利润留存	0	-23
在建工程	0	15	年度净利	-23	25
固定资产合计	125	140	所有者权益合计	57	82
资产总计	144	254	负债和所有者权益总计	144	254

任务 14 制定营销规划，学习销售技术

一、营销规划的内容

1. 系统、完整的结构

一份专业的营销规划应包括对以往营销工作的总结、对营销问题的反映和分析、对宏观经营环境的分析、对行业发展趋势的分析、对产品发展态势的分析、对竞争对手的分析、对企业自身发展状况的分析、总体营销策略思路和目标的确定、系统的市场分析和市场定位、具体的营销策略、将策略转换成具体的营销计划、对营销计划的财务分析、对营销规划执行的评估和监控。

2. 充足的数据支持

硬性数据支持包括总体销售额(量)、区域销售额、分产品销售额、市场占有率、销售增长率、营销费用额(率)。软性数据支持包括消费者购买心理和行为特点、产品在市场上的发展趋势、竞争对手状况(营销政策、费用投入、销售状况、产品结构等)。拥有这些数据，企业就能对市场形势和企业形势进行细致的分析，制定出针对性强的营销策略和计划。

3. 清晰的策略思路和目标

有效的营销策略一定是单一的，只有单一才能易于理解和操作，利于抓住事物发展的重点，同时也才更有可能合理分配所有的资源，强化针对性，提高资源的利用效率。策略的清晰性具体表现在市场的定位，即不要幻想满足所有消费者的需求，而是只满足能给企业带来最大利益的消费者的需求，并在清晰的市场定位基础上，制定出具体的细分策略和营销计划。

4. 整合的策略系统

清晰的策略和有限的资源需要通过整合来加以保障，也就是在整体营销策略思路指导下，对产品、价格、渠道、交货期、账期、ISO 要求等策略系统进行整合。

5. 有效的战术转换

营销策略为企业的成功提供了一个方向性的保障，着重的是做正确的事，而要使策略真正发挥效果，则必须将其转化为具体可操作的方法，重点在于通过富有创意的手段使企业达到策略所要求的效果，其关键要求是正确地做事。

6. 有条理的实施步骤

营销计划的实施也是一个系统的运作过程，一方面通过对各环节的合理安排使资源得到最大限度的利用；另一方面则是可以有效应付突发事件的产生，做到有计划地应对变化，不至于丧失机会或遭受风险；同时也利于企业对营销策略和计划的实施进行有效监控和评估，及时发现问题并予以调整。

二、营销策略

1. 竞争策略

市场营销是从卖方的立场出发,以买方为对象,在不断变化的市场环境中销售产品,从而获取利润的综合活动。市场经济下,企业的生存和发展离不开市场环境,谁赢得市场,谁就赢得竞争。

营销主管的主要工作有市场开发与准入、产品周期与分析、市场细分与定位、市场占有与竞争分析、广告投入与产出效益分析。营销主管在收集必要的市场信息、自身产能、竞争对手情况等信息,并做出相关分析之后,正确制定竞争策略和市场开拓计划、广告投放计划、销售计划、订单选取计划等。一个好的销售计划一定要符合企业自身实际,适合本企业的现状和发展目标,充分体现企业的战略意图,并与团队成员有充分、良好的沟通。

2. 注意问题

在实际操作中,营销主管要着重考虑各个因素,并注意如下问题:利用企业资料分析,充分掌握竞争对手的相关信息,正确认知整个竞争环境;进行市场细分分析,正确分配各个市场的产品销售数量;不同的产品市场组合中,选取不同的方法应对;分析市场预测,明确供需关系,科学制定销售规划;认识详单结构、特征,结合企业自身生产特点,科学制定销售规划;合理安排广告费用,力争用最低的广告费用,获得最大的销售额和利润;制定科学的广告策略,正确投放广告;分析其他企业广告,合理安排选单策略,尽量在利润高的市场选、拿取订单,尽量选取利润率高的订单;根据企业的产能选取适合的订单,避免因产能不够而产生违约,给企业造成损失;保证现金及时流入企业;需要关注交货期、账期,确保订单的完成。

3. 常见的营销策略

1) 单一产品集中化

单一产品集中化是指公司在进行营销分析之后,只选择其中一个细分市场进行集中营销,公司只全力生产一种产品,供应某一类消费者。这是目标市场选择中最简单的模式,适用于实力不强、规模较小的企业。公司通过集中营销,能够更加了解本细分市场的需要,并有助于企业树立特别的声誉,在该细分市场建立巩固的市场地位。单一产品集中化示例图如图 2-1 所示。

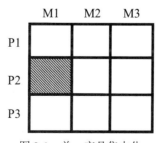

图 2-1 单一产品集中化

另外，公司通过生产、销售和促销的专业化分工，也获得了许多经济效益。如果细分市场补缺得当，公司的投资便可获得高报酬。但集中市场营销比一般情况风险更大，如果个别细分市场出现不景气的情况，或者某个竞争者决定进入同一个细分市场，则会给企业带来一定的损失。

2) 选择性专业化

选择性专业化指企业有选择的同时进入几个细分市场，为几种不同的消费群提供各种不同的产品。该策略采用市场细分化原则，是选择目标市场的策略之一，其可以有效地分散经营风险，即使某个细分市场赢利不佳，企业仍可继续在其他细分市场获取利润，一般具有较好资源和较强营销实力的企业会采用这种模式。选择性专业化策略示例图如图 2-2 所示。

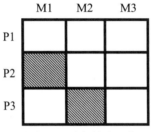

图 2-2　选择性专业化

3) 市场专业化

市场专业化指企业生产不同产品以满足同一市场顾客群的需求。企业集中力量，进入一个细分市场，争取在该市场中占有较大份额。市场专业化经营的产品类型众多，能有效地分散经营风险。但由于集中于某一市场，当这一市场的需求下降时，企业也会遇到收益下降的风险。市场专业化策略示例图如图 2-3 所示。

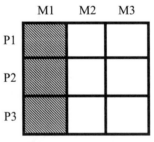

图 2-3　市场专业化

4) 产品专业化

产品专业化指公司只生产一个品种的产品，同时向不同市场的各类用户销售。产品专业化模式的优点是企业专注于某一种或一类产品的生产，有利于形成及发展生产和技术的优势，在该领域树立形象。该策略的局限性是当该领域被一种全新的技术与产品所代替时，产品销售量有大幅度下降的危险。产品专业化策略示例图如图 2-4 所示。

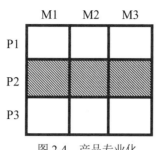

图 2-4 产品专业化

5) 全面进入

全面进入是指企业要以所有的产品来服务所有的顾客群体的需要，即不分产品，不分市场，大小通吃。该策略只适用于大公司，一方面由于企业的生产品种日益增多，广告宣传、销售渠道和推销方法都要实行多元化，这样，势必会提高生产成本和销售费用，从而影响企业的经济效益；另一方面，如果无限地扩大生产品种，必然会受到企业资金状况和技术的限制，使企业往往难以应付，特别是大量中小型企业，更不能盲目地采用这种策略。因此，对于大多数企业来说，选择目标市场应该有适当的控制，决不能无限地扩大。全面进入策略示例图如图 2-5 所示。

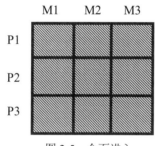

图 2-5 全面进入

三、广告投放

广告费用多少最好？如何投放？这是沙盘模拟中被问及最多的问题，没有计算公式、没有统一的答案，很难预测投放多少钱是对的、哪种广告投放分配是正确的。

如果说 ERP 沙盘模拟中的市场选单是各个企业正面交锋、博弈拼杀的主战场，那么营销主管就是企业冲锋陷阵的"排头兵"，他们在产品与市场的选择中发挥着重要的作用。产品和市场的选择是沙盘模拟企业经营成功的关键点，抓住此关键的做法集中反映在广告投放的策略上。广告投放策略好比企业的军事布置，各个市场产品组合的广告投放，就是企业的火力分布。如同打仗无定法但有战略战术一样，广告投放也无公式，但有策略和方法。

四、常见广告策略

常见的广告策略有如下几个。

(1) "强势出击"的激进策略。在企业资金充足、产能较多的情况下，强势出击，打压对手,广告投放高,占据选单的有利地位,选取利润率高的订单,销售数量多的产品,获得高的利润额。

(2) "迎头痛击"的短兵相接策略。在竞争激烈时,迎难而上,用与别人相差无几的广告费用,巧妙安排,出奇制胜,赢得先机。

(3) "主动游击"策略。在企业需要销售的产品数量不多时,投放少量的广告,利用规则捡取订单,虽然销售额少,但费用极低,同样取得了较高的利益。

(4) "避强赢弱"的游击策略。在企业资金一般、产能尚可的情况下,避免恶性竞争,渔翁得利,争取中游选单,虽然投放的广告不多,但销售额较高,最终的净利润也多。

模块三　第 3 年经营

任务 15　查看广告定策略,科学、合理地选取订单

一、查看广告定策略

1. 查看广告

投放广告结束后,召开订货会之前,有下发广告、查看广告的环节。通过查看广告,可以明确订货会每一个选单回合的选单顺序,结合详细订单,即可推定可能选取的订单。了解整体广告投放情况,认识竞争企业的广告投放模式,可以针对性地采取措施,确保企业目标的实现。

2. 选单策略的调整

查看企业广告是否达成营销计划,如果广告情况与企业的预期存在一定的偏差,则应当及时调整选单计划,制定新的选单策略,使选取订单的组合符合企业的需求;如果企业的广告定位与预期差别较大,则更要合理组合,去争取最大利润。

二、选取订单

参加订货会选取订单,需要考虑以下几个方面的问题。

1. 销售产品数量

在保证交货期要求的前提下,销售产品数量有两个问题:一是订单组合的总数量应等于年度销售计划数量或年度总产能。二是一张订单数量的多少。若订单过大,则可能需要多个季度的生产才能满足订单,完成交货,这样应收款就会不均衡,现金流不稳定;反之,若订单过小,则每个季度的产能均能满足订单,完成交货,现金流易于稳定。当然,一张订单的产品数量少,需要的订单数量就会多,也就需要更多的选单机会。

2. 产品组合

如果生产线是柔性线,则可以生产已有市场资格的任何产品,但销售哪种产品多一些,哪种产品可以少卖甚至不卖,则应根据市场需求、全部企业的产能、企业的营销规划、销售人员的广告特色、广告最终排位顺序等决定。另外,不同年度要有不同的主打产品,不能一成不变,否则让其他竞争企业掌握了我们的广告特征,企业的竞争能力必然减弱。

3. 交货期

交货期是选取订单的重要限制条件,中、远交货期订单的产品数量应大于产能,才能保证按时将货物交付给客户。在企业经营中,若自动线、柔性线每一季度的产能都相同,则交货期的问题有以下几种解决方法:一是自动线集中于少数量产品,另外,企业可以使用手工线、半自动线来规避第4季度交货期;二是集中投放广告,在少数细分市场争取前几位选单机会,优先选取4季交货的订单;三是少量投放广告,"捡漏"数量为1个的4季交货订单,其他解决不了的产品退后至下一年销售;四是强打广告,强夺4季交货订单,致使其他企业难以解决4季交货的问题。

4. 价格

企业选取订单要关注产品销售价格,价格越高,利润就必然越多。不同产品的直接成本不同,相同价格的产品产生的毛利是不同的,所以不能只比较价格,选单时关注毛利更合理和科学。不同产品、不同市场的毛利不同,毛利低的市场,有的企业会放弃,但该市场的产品易于销售,广告费用也低,因此也易于解决交货期的问题;反之,毛利高的市场,多数企业趋之,所以该市场的产品难于销售,并且广告费用也高。

5. 账期

针对有账期的订单,有如下应对方法:一是多贷款,储备大量的"现金";二是增加广告费用,争取优先选单权,选取无账期的订单;三是将应收款贴现。如何应对账期带来的挑战和机遇,我们应采取恰当策略,确定最佳方法。

6. 偶发问题应对

订货会提供给销售总监的选单时间只有 45 秒,这要求销售人员有高速运算、科学判断等快速反应,如前后选单的安排、产品组合的选择、交货期与账期的取舍、数量与价格的选取等,均需要销售在不到 40 秒的时间内做出合理的选择。因此,我们要长时间地自主探究和主动学习,才能成长为一名优秀的销售人员。

还有一些偶发问题,例如,选取最后一个订单时,恰好适于本企业但有一定难度,如订单数量比产能少 1 个,要产生 1 个产品的库存,如果毛利高,则可以主动库存;或者是订单数量比产能多 1 个,要产生 1 个产品的短缺,可采取紧急采购 1 个低成本的产品来解决。

另外,若选单过程中产生超出预期的订单发生,则需要及时调整选单计划。

任务 16 完成第 3 年年度经营操作

一、询盘(间谍)活动

按照比赛规定方法，快速获取各个企业资源情况，掌握竞争环境情况，将询盘资料准确填写到相关表格内。

二、年初阶段经营

3-0-1 新年度规划会议。团队研讨，共商企业发展大计。

3-0-2 广告投放。向市场投放广告。

3-0-3 参加订货会选订单/登记订单。参加订货会，选取订单；并将订单信息登记。

3-0-4 支付应付税(25%)。

3-0-5 支付长贷利息。支付由于长期贷款而产生的贷款利息。

3-0-6 更新长期贷款/长期贷款还款。更新长期贷款的时间；如有到期贷款要偿还本金。

3-0-7 申请长期贷款。选择是否进行本操作。

三、年中阶段

3-*-1 季初盘点(请填余额)。结算年初资金情况，填写现金余额。

3-*-2 更新短期贷款。本操作更新短期贷款时间，短期贷款 1 年后要还本付息。

3-*-3 申请短期贷款。根据预算安排，严格执行计划，合理进行短期贷款。

3-*-4 原材料入库/更新原料订单。有预定到期的原材料订单，要及时付款。

3-*-5 下原料订单。遵照生产计划，合理下原料订单。

3-*-6 购买/租用厂房。依据企业规划，遵照计划，执行购买或租赁厂房的操作。

3-*-7 更新生产/完工入库。

3-*-8 新建/在建/转产/变卖生产线。

3-*-9 紧急采购(随时进行)。根据企业需要，可以随时进行。

3-*-10 开始下一批生产。开始新一批次的生产。

3-*-11 更新应收款/应收款收现。

3-*-12 按订单交货。当成品库中有能够满足订单需要的成品时，要及时完成订单。

3-*-13 产品研发投资。开展产品的研发投资，取得生产资格，保障生产的开展。

3-*-14 厂房出售/退租/租转买。根据企业需要，可以随时进行。

3-*-15 新市场开拓/ISO 资格投资。

3-*-16 支付管理费/更新房租。

3-*-20 本季收入合计。预算、记录手工合计，用以对账，非操作项目。

3-*-21 本季支出合计。预算、记录手工合计，用以对账，非操作项目。

3-*-22 季末数额对账(本季结束)。

四、年末阶段

3-5-1 缴纳违约订单罚款(20%)。

3-5-2 支付设备维护费。今年内已经建设完成的生产线，均要支付规则规定的维修费。

3-5-3 计提折旧。按照规则规定，计提折旧，但此项不用支付现金。

3-5-4 结账(本年结束)。本年度经营活动结束，总计结账。

第 3 年企业经营结束，将操作记录在表格内，形成经营记录表。第 3 年企业经营记录表，如表 2-26 所示。

表 2-26　第 3 年企业经营记录表

	操作流程	手工记录			
年初	初始资金(召开新年度规划会议)	25			
	广告投放	21			
	参加订货会选订单/登记订单				
	支付应付税	1			
	支付长贷利息	2			
	更新长期贷款/长期贷款还款				
	申请长期贷款	30			
1	季初盘点	31	68	69	66
2	更新短期贷款/短期贷款还本付息	30	51	42	30
3	申请短期贷款	69	49	45	29
4	原材料入库/更新原料订单	18	18	16	18
5	下原料订单	2/4/6/4	4/2/6/6	2/4/9/9	3/6/9/9
6	购买/租用——厂房		3		
7	更新生产/完工入库				
8	新建/在建/转产/变卖——生产线		15	15	15
9	紧急采购(随时进行)				
10	开始下一批生产	6	6	6	6
11	更新应收款/应收款收现	23	46	32	51
12	按订单交货				
13	产品研发投资				
14	厂房——出售(买转租)/退租/租转买				
15	新市场开拓/ISO 资格投资				2
16	支付管理费/更新厂房租金	1	1	1	1
17	出售库存				
18	厂房贴现				
19	应收款贴现				

(续表)

	操作流程	手工记录			
20	季末收入合计	92	95	77	80
21	季末支出合计	55	94	80	72
22	季末数额对账	68	69	66	74
年末	缴纳违约订单罚款				
	支付设备维护费				12
	计提折旧				17
	结账				62

对于第 3 年经营的关键决策，说明如下。

(1) 因为第 4 年的市场进一步扩大，所以在第 3 年新建 3 条自动线，其中，2 条用来生产 P4，1 条用来生产 P3。

(2) 鉴于对经营的预测比较乐观，新建生产线对现金流没有太大压力，在实际练习过程中，如果市场扩大，供小于求，则适当贴现新建生产线也是可以接受的。

五、年终报表

1. 产品核算表

产品核算表的资料来源于订单登记表，由会计主管(财务主管)将其中已经交货的相同产品的订单项目合计填入产品核算表中，并合计本年度全部产品销售数据。

产品核算表的资料来源于订单登记表，由会计主管(财务主管)将其中已经交货的相同产品的订单项目合计填入产品核算表中，并合计本年度全部产品销售数据。第 3 年产品核算统计表，如表 2-27 所示。

表 2-27　第 3 年产品核算统计表

项目	P1	P2	P3	P4	合计
数量		8	9	6	23
销售额		52	76	58	186
成本		24	36	30	90
毛利		28	40	28	96
库存					

2. 综合费用表

综合费用中各项费用的具体数据来源于盘面上对应位置的数量，或者在预算表中具体体现。第 3 年综合管理费用明细表，如表 2-28 所示。

表 2-28　第 3 年综合管理费用明细表

单位：W

项目	金额
管理费	4
广告费	21
设备维护费	12
损失	
转产费	
厂房租金	3
新市场开拓	2
ISO 资格认证	
产品研发	0
信息费	
合计	42

3. 利润表

年末要编制展示企业经营成果的利润表。

第 3 年利润表，如表 2-29 所示，其中，"财务收入/支出"项目主要为贷款、贴现利息支出，"其他收入/支出"项目的记忆活动无，所得税按纳税规则计算、处理。

表 2-29　第 3 年利润表

项目	本年数
销售收入	186
直接成本	90
毛利	96
综合费用	42
折旧前利润	54
折旧	17
支付利息前利润	37
财务收入/支出	8
税前利润	29
所得税	7
净利润	22

所得税税额计入资产负债表中的负债项目的应纳税金中，不支付"现金"，在下一年度年初"支付所得税"环节，缴纳所得税。在资金预算时，要预留足够的所得税税金。

4. 资产负债表

年末要编制企业资产负债表。第 3 年资产负债表，如表 2-30 所示。

表 2-30　第 3 年资产负债表

单位：W

资产	期初数	期末数	负债和所有者权益	期初数	期末数
流动资产：			负债：		
现金	25	62	银行长期贷款	24	54
应收账款	69	103	银行短期贷款	147	192
在制品	20	24	应纳税金	1	7
成品	0	0			
原料	0				
流动资产合计	114	189	负债合计	172	253
固定资产：			所有者权益：		
土地与建筑	40	40	股东资本	80	80
机器与设备	85	83	利润留存	-23	2
在建工程	15	45	年度净利	25	22
固定资产合计	140	168	所有者权益合计	82	104
资产总计	254	357	负债和所有者权益总计	254	357

任务 17　完善生产管理，保障合理供给

运营管理就是对运营过程的计划、组织、实施和控制，是与产品生产和服务创造密切相关的各项管理工作的总称。从另一个角度来讲，运营管理也可以指对生产和提供公司主要的产品和服务的系统进行设计、运行、评价和改进的管理工作。运营总监负责企业产品生产、原料供给、产成品保证，是企业制造能力水平的展现，是销售的保障，也就是企业利润来源之本。

一、产品管理

1. 产品规划与策略

团队一同研究市场需求，在企业战略研究会议中决定产品规划与策略。

在模拟企业经营比赛中，受初始资本的限制，一般开局(创立企业的初始年度)时，不能 4 个产品都研发，要根据产品特征、市场需求、团队特色、总经理要求等，科学、合理地选择适宜本企业的产品生产并销售。对于毛利低但需求量大的产品，可以采取薄利多销的策略；对于毛利高但需求量低的产品，可以控制一定产能，保障销售的同时又不能造成大量库存。

在模拟企业经营比赛中，市场需求有多种不同的变化，参赛选手要研究产品发展前景，提供产品规划，为企业创造更多利益做出产能保障。

2. 产品规划预算

企业可以根据自身特点及对市场的认识和竞争环境的判断来自主制定产品规划，包括产品研究、产品的选择、新产品的研发、新产品研发的时间、新产品研发进度、研发资金的预算安排等。

市场上的产品需求量不同，选择生产的企业也不同，4 种产品在第 2 年供需关系也就不同，有的供不应求，有的供过于求。研发生产的产品品种多，有利于在供不应求的产品上获得利益，但研发费用使得权益降低，贷款受限制，购买生产线就少，产能就低；反之，研发生产的产品品种少，有利于在广告上集中力量，占据优势，购买生产线就多，产能就高，可以薄利多销。

3. 质量管理体系认证

企业根据市场需求，保证产品质量，管理体系认证，为了保证生产的产品符合客户需求，还需要开展质量管理。在模拟经营中，用 ISO 的要求替代企业质量管理，有 ISO 9000 和 ISO 14000 两种认证体系，企业需要深入研究市场，在适当的时机做出合理的选择和开拓认证工作。

二、生产设备管理

生产主管通过计划、组织、控制实现企业资源的最优化配置，负责产品研发，进行正常生产，维护生产设备，必要时进行生产设备的变更，同时进行成品库的管理。

产能是生产能力的简称，是企业生产的产品数量的多少。产能由两部分构成：一是原有生产线的产能；二是新上生产设备的产能。企业如果要新购买安装生产设备，应根据企业资金状况、市场需求，判定新购买安装生产设备类型、数量、时间，并据此计算出新增的产能。提高产能是企业发展壮大的必然选择，但产能要与市场需求相适应，既要避免产能过低，不能满足市场需求，致使企业不能获得更多的利润；又要避免产能过剩，产品库存过多，导致费用过多，使当年利润减少。

生产设备管理的主要内容如下。

(1) 生产策略的确定。生产策略要与产品策略结合确定，企业可以大量生产产品，然后薄利多销冲锋在前，强打对手，占据市场主导；或者生产少量优质高价(高毛利)产品，集中投放广告，产品毛利高，净利润也高；或者生产市场上稀缺产品，降低广告费用，灵活机动，以巧破千斤；或者产量适中，不冒进，不退缩，适宜控制，科学实施，求取竞争优势。

(2) 生产设备的选择。目前生产设备有手工生产线、超级手工生产线、半自动生产线、自动生产线、柔性生产线、租赁自动生产线等。这些生产设备的购置费用(租赁线除外)、维修费用、生产资金、折旧、生产能力、转产能力、生产效率、费用产能比等不同，生主管要认真研读规则，计算分析各个数据，比较各个方面，均衡考虑，做出合理选择。

(3) 生产设备的购置计划与预算。生产主管确定生产设备后，要及时预算，安排好购置资金及安装时间，与财务密切合作，防止资金紧缺。例如，手工线的购置开支、生产费用比较集中，资金需求不均衡，会给预算和现金流造成困难；租赁线虽然无购置费用及安装时间，但租赁费(维修费)高，支付集中，并且支付集中发生于年末，对明年年初的现金需求造成限制。

(4) 生产费用的预算。生产费用包括购买原材料的支出、加工费支出，是发生最频繁的支出，在现金支出中占据较大的份额，不均衡的支出更需要合理预算、严格执行，防止突发问题，造成企业损失。

(5) 设备维修费用预算。生产主管要及时支付设备维修维护费用，由于各种生产设备维修费用不同，但都在年末一次性扣除，所以要及早计算，安排好现金，并且要结合下一年年初的各项费用、现金来源，做出合理应对。

(6) 折旧及其他。折旧是不需要现金支出的，但却是年度净利润较大的影响因素，生产主管及时、准确转告财务折旧费用，并在预算、决算中精确体现，才能使企业经营团队的其他成员对企业境况、其他企业水平有合理的判断，以做出准确应对措施。

(7) 转产的安排及预计等。

三、生产管理

产品是实现销售的前提，销售带来利润，没有产品何来利润！

生产管理是对企业生产系统的设计、运作、改进进行管理。要想做强企业，当然先要做大，而企业要发展壮大，可持续发展，必然要不断地增加生产设备，提高产能。多的销售数量，会使企业费用率降低，从而提高利润率，得到好的收益。

生产管理的主要内容是：确定生产策略，制订合理的生产计划；组织资金，落实生产任务；合理配置生产资源，保证及时、合理地进行交货；主动研究降低成本，确保正常生产；进行成品库存管理，减少库存，提高资金效率；转产的安排及预计，紧急出售产品、原料时的应急处理；等等。

使用柔性线和手工线生产可以及时转产其他产品。企业根据获取的订单及财务预算的需求，合理安排生产，保证及时、合理地进行交货，可以及时回收货款，减少贴现，降低企业财务费用，提高企业盈利能力。

四、供给管理

1. 原材料订单

原料是生产的保证，供给主管负责各种原料的及时采购并安全保管，确保在适当的时间采购到合适的原料，进行原料库存管理，保证企业生产的顺利进行。

原材料由生产厂家供给，要按照规则，提前给生产厂家下原料订单，及时采购入库，满足生产需求。第3年原材料计算表，如表2-31和表2-32所示。

表2-31 原材料计算表1

P1 原材料计算

时间(季度)		3	4	1	2	3	4	1	2
安排生产	P1			4				5	
	P2								
	P3								
	P4								
需要原料	R1			4				5	
	R2								
	R3								
	R4								
原料订单	R1		4				5		
	R2								
	R3								
	R4								

P2 原材料计算

时间(季度)		3	4	1	2	3	4	1	2
安排生产	P1								
	P2				3			4	
	P3								
	P4								
需要原料	R1								
	R2				3			4	
	R3				3			4	
	R4								
原料订单	R1								
	R2			3			4		
	R3			3			4		
	R4								

P3 原材料计算

时间(季度)		3	4	1	2	3	4	1	2
安排生产	P1								
	P2								
	P3				2			4	0
	P4								
需要原料	R1				2			4	
	R2								
	R3				2			4	
	R4				2			4	
原料订单	R1			2			4		
	R2								
	R3			2			4		
	R4			2			4		

P4 原材料计算

时间(季度)		3	4	1	2	3	4	1	2
安排生产	P1								
	P2								
	P3								
	P4				1			4	
需要原料	R1								
	R2				1			4	
	R3				1			4	
	R4				2			4	
原料订单	R1								
	R2			1			4		
	R3			1			4		
	R4			2			4		

表2-32 原材料计算表2

多产品原材料计算

时间(季度)		3	4	1	2	3	4	1	2
安排生产	P1			4				4	4
	P2			3				4	4
	P3			2				4	4
	P4			1				4	4

(续表)

多产品原材料计算									
时间(季度)		3	4	1	2	3	4	1	2
需要原料	R1			6				8	
	R2			4				8	
	R3			6				12	
	R4			4				12	
原料订单	R1		6				8		
	R2		4				8		
	R3	6				12			
	R4	4				12			

2. 原材料管理

原材料管理的内容包括：编制采购计划，进行适时采购；确保在合理的时间采购到合适的原料；进行原料管理；进行库存统计，及时消化库存等库存管理工作，保障企业生产的顺利进行。

供应主管对原材料采购、原料库存进行管理。在生产计划确立以后，供应主管即可开始工作。供应主管负责确定采购什么、何时采购、采购多少、如何及时消化短期库存等。供应主管要与生产主管密切配合，根据市场进度，按时、足量供应生产所需的原材料，保证不出现原料短缺和库存积压。

半自动线和自动线不允许随意转产，对原材料的需求相对固定，容易完成供给。手工线和柔性线可以根据订单需要随时转产其他产品，对原材料的需求也就有多样的变化。手工线存在对原材料需求不均衡的问题，对原料供给产生困难，同时对企业现金流制造难解的问题。

原料供应策略有"零库存"和"百变库存"等策略。"零库存"是指尽可能早地消化原料库存，年终最好实现原料没有库存。"百变库存"是指原料供给多样，符合多种需要，对手工线和柔性线具有很好的配合作用，百变必然需要大量库存做保证，所以原料的采购要结合企业资金情况，科学合理地安排。

模块四 第 4 年经营

任务 18 完成决算出报表，明晰途径增利润

一、产品核算表

产品核算表的资料来源于订单登记表，由会计主管(财务主管)将其中已经完成产品交

付的相同产品的订单项目合计填入产品核算表中,并合计本年度全部产品的销售数据。

需要注意的是,违约订单,即没有按时交付客户的订单,不能获得货款,该订单不能计入产品核算表内,并且违约订单要按照规则规定,在年末缴纳违约金。

为方便信息使用,"库存"放在每一产品下方,显示的是库存数量,在合计位置填写最终的合计数。产品核算统计表,如表 2-33 所示。

表 2-33　产品核算统计表

项目	P1	P2	P3	P4	合计
数量					
销售额					
成本					
毛利					
库存					

二、综合费用表

综合管理费用明细表,如表 2-34 所示。

表 2-34　综合管理费用明细表

单位:W

项目	金额
管理费	
广告费	
设备维护费	
损失	
转产费	
厂房租金	
新市场开拓	
ISO 资格认证	
产品研发	
信息费	
合计	

其他费用是除上述费用之外,为解决偶发事件而发生的费用,多为损失,如变卖生产线、出售产品、出售原材料、订单违约等活动时产生的损失。其中,变卖生产线时的损失是变卖时生产线价值高于残值的部分,并且违约订单要按照规则规定,在年末缴纳违约金。各项费用的具体数据来源于盘面上对应位置的数量,或者在预算表中具体体现。

三、利润表

1. 数据来源

利润表的编制如表 2-35 所示。在创业者模拟企业沙盘中,"财务收入/支出"项目主要为贷款利息支出,所得税按纳税规则计算、处理。

表 2-35 利润表的编制

项目	运算符	数据的获取
销售收入		产品核算统计表中的合计销售额
直接成本	-	产品核算统计表中的产品成本合计
毛利	=	毛利=销售收入-直接成本
综合费用	-	综合费用表的费用合计
折旧前利润	=	折旧前利润=毛利-综合费用
折旧	-	按生产线折旧规则计算
支付利息前利润	=	支付利息前利润=折旧前利润-折旧
财务收入/支出	-/+	利息支出,由贷款利息和应收款贴现息组成
税前利润	=	税前利润=支付利息前利润-财务收入/支出
所得税	-	根据所得税规则计算得到
净利润	=	净利润=税前利润-所得税

2. 所得税计算与处理

企业经营有了盈利后,需要缴纳所得税,所得税税率为25%。每年的所得税计入资产负债表的负债项目中的"应纳税金"位置,下一年年初缴纳。

所得税缴纳税额是按照弥补以前亏损后的余额为基数计算的。当所有者权益高于初始资本时,应按所得税规定缴纳税款。

首次计算所得税时,按照下式计算:

$$应纳所得税税额=(上年权益+本年税前利润-初始资本)\times 25\%(四舍五入)$$

若上年已缴纳所得税,则按照下式计算:

$$应纳所得税税额=本年税前利润\times 25\%(四舍五入)$$

计算完成的所得税税额填入利润表、资产负债表的所得税位置,在下一年年初的"缴纳税金"环节(即*-0-4),由财务从"现金"中足额支付所得税。

四、资产负债表

1. 数据来源

资产分为流动资产和固定资产。其中,流动资产包括现金、应收账款、在制品(按成本计算)、成品(按直接成本计算)、原料(按购买费用计算);固定资产包括土地与建筑(即厂房)、机器与设备(即已经使用的生产线扣除折旧后的净值)、在建工程(即购置安装中，尚未使用的生产线的投资总额)。

负债加所有者权益分为负债和所有者权益。其中，负债包括贷款和应交税金(企业应缴纳的税只以企业所得税体现)；所有者权益包括股东资本、利润留存(为上一会计年度即期初的利润留存加年度净利)、年度净利。

计算和填写完成的报表，应遵守会计恒等式——资产总计等于负债加所有者权益。

2. 填写资产负债表

年末要编制反映企业财务状况的资产负债表，填写完成后的资产负债表如表 2-36 所示。

表 2-36　资产负债表

单位：W

资产	数据的获取	负债和所有者权益	数据的获取
流动资产：		负债：	
现金	盘点现金库中的现金	银行贷款	盘点短期贷款
应收账款	盘点应收账款		
在制品	生产线上的在制品的价值之和	应交税金	利润表中的11项所得税
成品	盘点成品库中的成品价值		
原料	盘点原料库中的原料价值		
流动资产合计	以上五项之和	负债合计	以上两项之和
固定资产：		所有者权益：	
土地与建筑	厂房价值	股东资本	初始资本
机器与设备	设备价值	利润留存	上年利润留存+上年年度净利
在建工程	在建设备的价值	年度净利	利润表中的净利润
固定资产合计	以上三项之和	所有者权益合计	以上三项之和
资产总计	流动资产+固定资产	负债和所有者权益总和	负债+所有者权益

五、利润分析

1. 所有者权益

沙盘模拟企业经营中规定，经营结束时，按照企业最后一年模拟的所有者权益的高低，评出名次。企业要追求利润最大化，其目的是股东权益的最大化，这正是目前所使用的基础版本规则中企业经营成果优劣的判断标准，也是经营企业的一切活动的行动指南。

由利润表可知：

$$所有者权益=股东资本+利润留存+年度净利$$

股东资本不会发生变化，利润留存是企业过去年度净利润的累计，因此，提升年度净利润就成了提高所有者权益的唯一途径。

2. 利润

$$利润=收入-费用$$

销售产品取得收入，给企业带来利润。但销售产品过程中产生的成本、费用、折旧、财务费用、税金等，会使利润减少，其中折旧不影响企业现金流的费用支出。

$$净利润=销售额-直接成本-综合费用-折旧-财务费用-所得税$$

若想提高企业利润，则必然要开源节流，开源即增加销售收入，节流即减少费用成本支出。

3. 提高销售收入

销售收入由销售数量和产品单价两个因素决定。若想提高销售收入，可以从以下两个方面着手。

(1) 提高销售量：扩张现有市场，开拓新市场；研发新产品；扩建生产设备或改造生产设备，提高生产能力；加大广告投放力度，宣传企业品牌。

(2) 提高产品单价：选择生产单价较高的产品进行生产；加大广告投放力度，拿取单价较高的产品订单。

4. 减少成本费用

由利润表可知：

$$毛利=销售额-直接成本$$

式中，直接成本无法变动。

$$折旧前利润=毛利-综合费用$$

其中，综合费用=管理费+广告费+维修费+产品研发费+市场开拓费+ISO认证费+厂房房租+信息费+转产费+其他损失，管理费无法变动，市场开拓费、产品研发费难以压减，只有维修费、广告费用具有一定的变动空间。

$$支付利息前利润=折旧前利润-折旧$$

式中，折旧是扩大企业生产能力而必须发生的，难以变动。

$$税前利润=支付利息前利润+(-)务收入/支出(利息)+(-)其他收入/支出$$

式中，其他收支暂不做考虑，利息是由企业融资策略引起变动。

$$年度净利润=税前利润-所得税$$

综合得出，维修费、折旧、广告费用、利息是企业可以控制的。维修费、折旧两项费用成本产生的原因是生产设备，生产设备的多少及购置时间决定这两项费用的多少，因此，生产管理人员要配合企业整体战略，购置适量的生产设备，适度、科学生产，合理扩张，以销定产，防止产生库存，如此产生的维修费、折旧就是合理的，不宜过度压缩。

适度减少广告开支和严格减少财务支出，是控制和减少成本费用的有效途径。

广告开支与销售策略相关，正常情况下广告支出与销售产品的毛利成正比关系，但广告支出与毛利是利润增减的两个方面，要积极探究，寻求广告与毛利的最佳结合。

财务支出是企业融资产生的，融资方法有长期贷款、短期贷款、应收款贴现、出售库存 4 种。融资时优先选择贷款方式，其中，短期贷款为主，以需求定贷款数量，形成滚动，防止资金涡流，长期贷款为辅，长期贷款利息高，解决第 1 季度短期贷款的还本付息问题即可。应收款贴现作为贷款的补充，与贷款结合，科学安排，确保企业现金流。出售库存是在没有上面 3 种办法时才使用的，由于费用太高，所以要尽量避免使用。

任务 19　完成第 4 年年度经营操作

一、询盘(间谍)活动

按照比赛规定方法，快速获取各个企业资源情况，掌握竞争环境情况。

二、年初阶段经营

4-0-1 新年度规划会议。团队研讨，共商企业发展大计。

4-0-2 广告投放。向市场投放广告。

4-0-3 参加订货会选订单/登记订单。参加订货会，选取订单，并登记订单信息。

4-0-4 支付应付税(25%)。上交上一年度计算的企业所得税税金，完成缴纳所得税。

4-0-5 支付长贷利息。支付由于长期贷款而产生的贷款利息。

4-0-6 更新长期贷款/长期贷款还款。更新长期贷款的时间；如有到期贷款，则要偿还本金。

4-0-7 申请长期贷款。

三、年中阶段

4-*-1 季初盘点(请填余额)。结算年初资金情况，填写现金余额。

4-*-2 更新短期贷款。本操作更新短期贷款时间，短期贷款 1 年后要还本付息。

4-*-3 申请短期贷款。根据预算安排，严格执行计划，合理进行短期贷款。

4-*-4 原材料入库/更新原料订单。

4-*-5 下原料订单。合理下原料订单。

4-*-6 购买/租用厂房。依据企业规划，遵照计划，执行购买或租赁厂房的操作。

4-*-7 更新生产/完工入库。

4-*-8 新建/在建/转产/变卖生产线。

4-*-9 紧急采购(随时进行)。根据企业需要,可以随时进行。

4-*-10 开始下一批生产。开始新一批次的生产。

4-*-11 更新应收款/应收款收现。

4-*-12 按订单交货。当成品库中有能够满足订单需要的成品时,要及时向客户送达。

4-*-13 产品研发投资。开展产品的研发投资,取得生产资格,保障生产的开展。

4-*-14 厂房出售/退租/租转买。根据企业需要,可以随时进行。

4-*-15 新市场开拓/ISO 资格投资。

4-*-16 支付管理费/更新房租。

4-*-17 出售库存。根据企业需要,可以随时进行。

4-*-18 厂房贴现。根据企业需要,可以随时进行。

4-*-19 应收款贴现。根据企业需要,可以随时进行。

4-*-20 本季收入合计。预算、记录手工合计,用以对账,非操作项目。

4-*-21 本季支出合计。预算、记录手工合计,用以对账,非操作项目。

4-*-22 季末数额对账(本季结束)。

四、年末阶段

4-5-1 缴纳违约订单罚款(20%)。

4-5-2 支付设备维护费。今年内已经建设完成的生产线,均要支付规则规定的维修费。

4-5-3 计提折旧。按照规则规定,计提折旧,但此项不用支付现金。

4-5-4 结账(本年结束)。本年度经营活动结束,总计结账。

第 4 年经营结束,将操作记录在表格内,形成经营记录表。第 4 年企业经营记录表的填写参照前 3 年。

五、年终报表

1. 产品核算表

产品核算表的资料来源于订单登记表,由会计主管(财务主管)将其中已经交货的相同产品的订单项目合计填入产品核算表中,并合计本年度全部产品销售数据。第 4 年产品核算统计表,如表 2-37 所示。

表 2-37 第 4 年产品核算统计表

项目	P1	P2	P3	P4	合计
数量					
销售额					
成本					
毛利					
库存					

2. 综合费用表

第 4 年综合管理费用明细表，如表 2-38 所示。

表 2-38　第 4 年综合管理费用明细表

单位：W

项目	金额
管理费	
广告费	
设备维护费	
损失	
转产费	
厂房租金	
新市场开拓	
ISO 资格认证	
产品研发	
信息费	
合计	

3. 利润表

年末要编制展示企业经营成果的利润表。首先学习利润表的编制方法。

第 4 年利润表的数据来源如表 2-39 所示，其中，"财务收入/支出"项目主要为贷款、贴现利息支出，"其他收入/支出"项目的记忆活动无，所得税按纳税规则计算、处理。

表 2-39　第 4 年利润表

项目	本年数
销售收入	
直接成本	
毛利	
综合费用	
折旧前利润	
折旧	
支付利息前利润	
财务收入/支出	
税前利润	
所得税	
净利润	

所得税税额计入资产负债表中的负债项目的应纳税金中,不支付"现金",在下一年度年初的"支付所得税"环节缴纳所得税。在资金预算时,要预留足够的所得税税金。

4. 资产负债表

年末要编制反映企业财务状况的资产负债表。第 4 年填写完成后的资产负债表,如表 2-40 所示。

表 2-40　第 4 年资产负债表

单位:W

资产	期初数	期末数	负债和所有者权益	期初数	期末数
流动资产:			负债:		
现金			银行长期贷款		
应收账款			银行短期贷款		
在制品			应纳税金		
成品					
原料					
流动资产合计			负债合计		
固定资产:			所有者权益:		
土地与建筑			股东资本		
机器与设备			利润留存		
在建工程			年度净利		
固定资产合计			所有者权益合计		
资产总计			负债和所有者权益总计		

任务 20　沟通合作创佳绩,内部激励谁争锋

一轮模拟经营结束后,要召开经营研讨会,全班同学共同研讨企业经营之道。经营研讨会主要从企业整体经营分析、岗位工作专项分析与评价、具体业务项目分析等方面进行定量、定性分析评价,总结经验教训,取得理论提升。学生在研讨会上要聆听他人发言,取人之长,补己之短;吸取教训,避免重蹈覆辙;发表个人观点,分享成功的喜悦;认识失败,清晰原因,寻求创新,共谋破解之道。

一、模拟企业经营实训的进程

将模拟经营总结为:组建团队,创建企业;学会经营,创造利润;学习规划,开拓进取;团结进取,提高实力;全面预算,规避破产;直面竞争,细节取胜;整体战略,全面提升。学习经营的过程就是培养能力、提升操作技术、探索、研究发现、努力进取、

感受辛酸苦辣、接受失败打击、收获成功喜悦、启发思维、体验岗位职能、感悟人生的过程。

企业在经营过程中，要注意整体战略、新年度规划、市场分析、竞争对手分析、资金预算、计划管理等方面。其中，企业整体战略居于首位，其是进行战略规划、年度计划制定的全部过程，管理者需在实践中不断摸索、感悟、学习、总结。

在模拟企业经营过程中，利润、产品产能、经营数据、经营细节，以及团队成员之间携手共进、换位思考等都是学生必须要学会的理论基础、使用的战术、注意的问题和应用的技巧。

二、团队合作

1. 团结合作，唯才是用

"团结就是力量"，这句话至今仍是许多企业的取胜法宝。一个集体如果不团结就像一盘散沙，只有团结一心、众志成城才能克服种种困难，战胜竞争对手。在经营过程中，团队成员虽然各有分工，各有考核指标，但有着共同的目标和利益，经营成果的取得是整个团队集体努力的结果，也与个人最终成绩的评定联系在一起。

团队成员要团结进取，携手共进，形成和谐集体，高效运行，发挥每一个职位的职能，共同合作，相互配合，抵达胜利的目的地。团队成员要全程参与企业的模拟经营过程，获得经营企业的切身体验。

前进的过程中必然会有许多挫折和问题。在模拟企业经营过程中，遇到挫折时是"愈挫愈勇"还是"失望放弃"，发现问题时是"携手共进"还是"相互指责"，企业经营不佳时是"妙手回春"还是"坐以待毙"，经营过程中是"诚实守信"还是"投机取巧"？不同的思想状态、选择方式、应对策略，必然有不同的结果。因此，ERP的课堂也是感悟人生的重要实践场所。

2. 知己知彼，换位思考

企业不同岗位的工作任务不同，工作的方法也有所不同。但要想在竞争中立于不败之地，准确把握竞争对手(其他企业)的策略计划，是团队成员的共同任务。

在制定年度规划时，虽然有间谍活动得到的信息，但仍难以准确把握竞争对手的策略和计划。如何知道对手的策略？如果我们站在对方的立场看问题，就可以知道他们在想什么、想得到什么、如何操作。我们只是转变了一下观念，学会站在对方的立场看待、思考问题，即可思他人所想，从而把握竞争对手的策略计划。因此，学会换位思考，可使我们从容应对竞争对手，一旦推断准确对方出的招数，破解就在情理之中，即可胜券在握。

在企业经营中最难把握的是营销活动，包括投放广告和选取订单。市场的变化万千，使竞争复杂化，谁赢得了市场，谁就赢得了竞争。销售产品获得利润是模拟企业盈利的唯一来源，因此市场销售策略成为新年度规划会议中的重中之重。

有时团队对营销主管的营销策略进行改进、完善后，认为已经完美无缺，完全能够克敌制胜。但当看到全部企业的广告投放时，却发现没有取得预想的效果，或者没有选到理想中的订单，竞争的优势就会受到限制。若想使企业的管理策略处于优势，则需要知道竞争对手的销售策略，从而有针对性地采取应对措施。若想能准确把握竞争对手的策略和计划，则在掌握间谍信息的基础上，还需要营销主管灵敏的观察和准确的判断，这需要营销主管在实践中学习和掌握，同时需要不断地去思考，"悟"出技巧。而换位思考是准确判断的快捷方法和技巧，营销主管通过换位思考，可准确判断竞争对手的营销策略、广告投放计划、选单计划，从而制定出针对性的策略和计划，使企业处于竞争的有利地位，打击对手，赢得竞争主动，取得市场优势。

订单的选取需要考虑的因素有：企业产能、产品的销售价格、账期、订单的约束条件等，企业经营过程中要力争选取到符合企业需要的、毛利及毛利率均高的订单。选取订单时也需要换位思考，例如，当我们准确判断出竞争对手需要在此选单回合中选取销售数量少的小订单时，就可以先选取毛利率高、数量少的小订单，下一轮选单时再选数量多的大订单，从而逼迫竞争对手选取数量少毛利率低的小订单，达到打击对手，巩固自身优势的目的。在企业经营的后期，选取订单的目标不只是将产品卖光，要通过各个市场产品组合的统筹计划安排，使得利润最大化。

换位思考是 ERP 沙盘模拟中的一个重要技巧，有着非同寻常的作用。换位思考同样适用于团队内部，如讨论年度规划和任务计划，它可以使我们尽快理解其他职位同事的计划及意图，便于沟通，快速应对经营中出现的问题。

3. 严谨预算，细节成败

例如，我国台湾有"经营之神"之称的台塑集团总裁王永庆，他早年因家贫读不起书，只好去做买卖。1932 年，16 岁的王永庆从老家来到嘉义开了一家米店，当时，小小的嘉义已有近 30 家米店，竞争非常激烈，而仅有 200 元资金的王永庆，只能在一条偏僻的巷子里承租一个很小的铺面。他的米店开办最晚，规模最小，更谈不上知名度了，没有任何优势，在新开张的那段日子里，生意冷冷清清，门可罗雀。怎样才能打开销路呢？王永庆感觉到要想米店在市场上立足，自己就必须有一些别人没做到或做不到的优势才行。仔细思考之后，王永庆很快就从提高米的质量和服务上找到了突破口。

20 世纪 30 年代，中国台湾的农村还处于手工作业状态，稻谷收割与加工的技术很落后，稻谷收割后都是铺放在马路上晒干，然后脱粒，砂子、小石子之类的杂物很容易掺杂在里面，人们在做米饭之前，都要反复淘洗，择出杂物，很不方便，但大家对此都习以为常，见怪不怪。王永庆却从这一司空见惯的现象中找到了切入点，他带领两个弟弟，不辞辛苦，不怕麻烦，一点一点地将夹杂在米里的秕糠、砂石等杂物拣出来后再出售。这样，王永庆米店卖的米质量就要高一个档次，因而深受顾客好评，米店的生意也日渐红火起来。

特别应当指出的是，有账期的订单的交货时间安排是细节决定成败的明显实例。在后几年的经营中，会选取到的订单不是一样的账期，交货时间影响应收款的收现，如果安排不妥当，则会影响企业经营活动的正常进行。因此，需要在预算时，细致工作，使用多种交货组合，进行推演测算，寻求最佳方案加以实施。

关注细节是一种习惯，我们要从平时的点点滴滴中培养起来。在前面的经营过程中，团队成员可能会因为不熟练操作，常犯小错误，而使企业陷入困境！当熟练企业经营活动和操作后，遇到实力相差无几的团队时，不犯错误、少犯错误的企业就是冠军。在高水平的比赛中，比得就是细节的掌握和控制。

4. 密切合作，数据说话

"用数据说话"是 ERP 沙盘的特征之一，但在经营实战过程中存在"只可意会不可言传"的内容，"创业者"电子沙盘的主要设计开发者何晓岚先生称之为"意会性知识"，营销主管的广告投放、订单选取是最明显的例子。营销主管若想合理投放广告、恰当选取订单，不但需要科学分析，还需要丰富的经验、阅历，有深度的认知水平，以及对外界事物的分析、判断、理解能力。营销主管要准确地把握事物的本质，随机应变采取对策，对将来可能发生的变化从容应对。"意会性知识"的掌握，需要不断地积累，以及在实际操作中不断地去"悟"、思考、体验、反思、总结，以提高自己的策略、方法与技巧。

在相同的规则下，我们对一个具体问题会有不同认识，进而产生不同的解决方法及途径，但只有落实于行动才能检验是否正确。因此，要说服他人赞成自己的方案，就得用实践和数据加以证明。

5. 积极思考，探究提高

经过模拟企业经营，我们对企业经营有了新的更深刻的认识，要根据企业的实际，进一步界定各个岗位的任务、职责、职能，确定相互衔接关系，以应对新的挑战。

新一轮模拟经营对团队成员有了更高的要求。总经理应当与时俱进，改进和完善企业内部考核标准及办法，更好地调动团队成员的积极性，促进各职位人员的进步和提高，使团队凝结成进取、务实、拼搏、智慧的集体。

模拟企业经营竞争是不断创新发展的，需要的思维方法也要不断拓展和深化，只有推断准确其他企业的策略与方法，才能站在制高点，采取适宜措施，取得成功。

发散思维，找准关键。ERP 沙盘模拟要求思维有方，善于创新，意会理念，参悟本质。企业经营中既有定量分析，又有许多"只可意会，不可言传"的定性知识，如果能参悟到深层次的内容，在将来的生活、工作、创业中将会受益无穷。

无论是参透企业经营的本质还是思考人生，都要注重反思、感悟，让我们在反思、探究中不断成长，在总结、评价中得到提高。

三、开展企业内部激励

没有目标的人，就是帮别人实现目标的人。如果当事者的思想不统一、考核不到位，再好的措施也得不到好的执行。

因此，要想带好一个团队，首先要把部门目标与公司目标紧密结合起来并落实到每个团队成员身上，使团队成员围绕公司的中心目标来分解自己的工作并毫不怀疑地去执行，各级管理者一定要层层分解、宣贯、检查、处置，只有这样才能形成合力，才能把大家的精力、激情集中到一起，共同前进。

总经理还要从机构、流程、人员、评价、激励等方面优化管理，并组织团队成员进行团队内部评议，对每一位公司职员给出合理、恰当、公平、公正的评价。

第三单元
技能提升

模块一 总经理

任务 21 制定发展战略，确定经营指标

有目标才有成功，企业要成功，必须有一定的明确的企业目标和战略。

一、企业发展战略

企业发展战略是对企业各种战略的统称，是关于企业如何发展的理论体系。发展战略就是一定时期内对企业发展方向、发展速度与质量、发展点及发展能力的重大选择、规划及策略。企业战略可以帮助企业指引长远发展方向，明确发展目标，指明发展点，并确定企业需要的发展能力，战略的真正目的就是要解决企业的发展问题，实现企业快速、健康、持续发展。

二、企业总体战略的关键要素

1. 战略分析

企业要有基础认知，了解组织自身条件、所处的环境和相对竞争地位。企业战略分析有内部条件分析和外部环境分析。

(1) 内部条件分析：包括分析本企业人员的技术素质和管理素质，产、供、销、人、财、物的现状，以及在竞争企业中的地位等，明确本企业的优势和薄弱环节。

(2) 外部环境分析：深入、细致分析企业的外部环境是正确制定战略的重要基础，为此，要利用询盘机会，及时收集和准确把握企业的各种外部环境信息，如市场需求、竞争环境情况、潜在的竞争对手的情况等。

2. 战略选择

企业战略的制定和选择一般由以下程序组成。

(1) 明确的战略思想。

(2) 分析外部环境和内部条件：明确自身特点与特色，明确机遇与挑战。

(3) 确定战略宗旨：确定经营目标、方向、策略。

(4) 制定战略目标：要具体、可行，具有指导性。

(5) 弄清战略重点：明确重点，清晰难点的解决路线及方法。

(6) 制定战略对策：营销、财务、生产、供应的策略目标及协调。

(7) 方案比较及战略评价：迅速比较，科学判断，准确选择。

(8) 选择战略(即最终的战略决策，确定准备实施的战略)。

3. 战略实施和控制

采取措施执行企业战略，发挥战略作用。为有效执行企业制定的战略，一方面要依靠团队成员的共同配合和积极工作；另一方面要通过企业的生产经营综合计划、各种业务计划、预算、具体工作计划等，具体实施战略目标。

战略控制是将战略执行过程中实际达到目标所取得的成果与预期的战略目标进行比较，及时采取有力措施纠正偏差，以保证战略目标的实现。

4. 战略评价和调整

检验战略的有效性，进行有益微调。战略评价就是通过评价企业的经营业绩，审视战略的科学性和有效性。战略调整就是根据企业情况的发展变化，即参照实际的经营事实、变化的竞争环境、新的思维和机会，及时对所制定的战略进行调整，以保证战略对企业经营管理进行指导的有效性。

战略规划一经制定一定要贯彻始终，切不可"这山望着那山高"，朝令夕改，随意改变，若如此将一事无成，悔之晚矣；也不可把企业战略僵硬化，一成不变，"一条道走到黑"。

三、企业战略规划的内容

企业战略规划的内容如下。

(1) 环境认知：模拟企业在整个 4~6 年的经营过程中，对竞争环境、竞争对手(其他企业)、企业自身条件、团队成员能力特征等有深刻的理解。

(2) 经营目标：整体盈利目标，盈利的年度安排，经营的重大活动的安排，经营活动的节奏。制定企业长、中、短期经营战略，评估企业内部资源与外部环境，预测市场趋势、调整既定战略。

(3) 竞争策略：与其他企业竞争时所采取的有利措施，销售策略、广告策略、选单策略、产品策略、生产策略、供给策略、资金预算方法等规划策略的确定。

(4) 团队协作：团队合作，提升效率，换位思考，探究技术技巧。在立场不同的部门间沟通协调，培养不同部门人员的共同价值观与经营理念，建立以整体利益为导向的组织团队。

(5) 产品策略：解决研发哪种产品、研发时间安排、研发资金等产品问题。

(6) 资金预算：科学资金预算、合理安排现金、可蹙额融资，保障企业现金需求。

(7) 财务决策：制订企业中长期、短期资金需求计划，寻求资金来源；掌握资金来源、现金用途，妥善控制成本；制订投资计划，评估应收账款金额与回收期；运用财务指标进行内部诊断，协助管理决策；如何以有限资金扭亏为盈、创造高利润；编制财务报表。

(8) 营销策略：深入研究市场，制定营销策略，制订销售产品计划，根据市场情况规划广告策略，如何投放广告。制定市场开发决策；新产品开发、产品组合与市场定位决策；刺探同行商情，抢攻市场；建立并维护市场地位。

(9) 科学选单：研究广告及详单，筹划选单方法，在订货会上科学合理地选取订单。

(10) 生产规划：安排资金购置生产线、购置何种生产线、购置多少生产线、何时购置等，科学安排生产、科学库存管理来满足销售需要。

(11) 供给保障：原料订单策略、园林供给方法、库存管理等。

(12) 问题处理：出现紧急问题的处理预案，出现问题的可能性，可能出现的问题，问题的解决方法和途径。整体战略与年度规划的结合，及时调整年度计划。

四、经营指标确定

经营指标是指反映企业经营状况的一系列数据。这些数据由相关公式计算得来，反映了企业运用资产赚取利润的能力，以及偿债能力和变现能力等。

企业的经营目标包括确定产品产量、销售收入、综合费用的控制范围、利润目标及所有者权益的目标。

企业的经营目标要按照年度进程、业务需求制定相应的经营指标，经营目标要具体、可行，具有指导性。

战略目标解决了产品、市场、产能(适度发展)，以及资金与权益的重要问题。企业若想取得利润最大化，则相关的经营指标的预设要科学合理，指标能够实现，经营活动中确保达成指标，使得所经营的企业获得最多的利润，在竞争中获得胜利。

在制定企业发展战略时，要注意控制发展的速度，既不可"舍我其谁，气吞山河"，第1年就购买大批的自动生产线，市场全开拓，产品全研发，贷款全贷出。虽然企业规模壮观，看似实力强大，但是第1、2年市场需求很小，卖出产品少，毛利不多，同时贷款利息、开拓费用、研发费用巨大，生产线多引发的折旧也多，从而入不敷出，导致公司权益下降迅速。一旦权益为负、现金断流，公司不得不宣告破产，悔之莫及；也不可墨守成规、停滞不前，在竞争中处于不利地位。

适度发展就是发展速度与企业权益、财务状况均衡发展，使之相互促进，这是管理的精髓所在。竞争的胜负不仅取决于企业目前的权益，还取决于企业的发展潜力，不能只看到眼前利益，要从整个4~6年的经营过程来制定企业的发展战略。

任务 22 计划落实有策略，调整措施保战略

一、岗位规划及业务计划

在企业总体战略的指导下，总经理要带领团队成员制订年度计划，并根据企业战略和年度规划，制订具体业务计划与策略。职位策略及业务计划是企业总体战略在当前经营年份的具体表现，是企业的二级战略。

模拟企业经营实训中，企业战略的主要内容包括在整个经营周期内整体规划、产品布局、产能调节、节奏把控、竞争方案、问题处理预设、部门协调、团队合作等。

1. 财务岗位

财务岗位的业务包括：资金预算，现金安排；生产设备购置计划；融资途径与控制；结算预案；费用安排方案；紧急问题处理预案；部门协调、团队合作等。

2. 营销岗位

营销岗位的业务包括：制定营销策略，市场方向、市场开拓计划，产品研发计划，产品生产计划；销售规划；广告策划、广告投放方案；选单计划、选单预案。

3. 运营岗位

运营岗位的主要业务包括：产品的确定；产品研发计划，产品生产计划；成品库存管理；产能策略；生产策略与规划；生产设备购置计划、设备布局与规划；供应规划；供给资金预算；原料供应计划；原料库存管理等。

二、年度规划

1. 年度规划的制定

"一年之计在于春"，没有春天的播种(新年度规划)，就没有秋天的收获(年度利润的获得)。不管是在生活还是在工作中，处处需要规划。有规划，可以让事情做得更好；无规划，则容易失去方向。企业经营更是如此，如果在经营过程中随意处置、无序操作，就会导致经营困难，最终导致破产。

年度经营规划是围绕已确定的战略目标编制的，是战略规划的行动实施，是对企业战略规划中第 1 年目标的分解落实；是企业在本年度内的运营指南；是企业及各部门对企业进行日常监管和分析的依据；是年度预算的依据；是对企业进行年度业绩考评的依据。

在企业总体战略的指导下，总经理要带领团队成员制定市场开发策略、产品策略计划、资金预算、设备投资策略、产品研发与生产策略、原料采购计划等，每年年初制定相应的企业年度规划及业务计划。职位策略及业务计划是企业总体战略在当前经营年份的具体表现，是企业战略实施的途径。

企业在每一年度初期都制定新年度规划，包括职位策略和业务计划等内容。企业的模拟经营要有一定的规划、计划，一个好的规划，可以让企业"如虎添翼"，得到迅速、科

学的发展。

2. 年度规划的执行

光有一个好的规划是不够的，得不到执行的规划就是空想。"千里之行，始于足下"，规划调整之后，要在经营活动中执行，将规划落实到经营活动过程中。但在执行过程中可能会出现偏差，就需要对规划进行控制。控制就是对经营活动进行监督，判定经营活动是否正朝着既定的目标健康地向前发展，并在必要的时候及时采取矫正措施。经营计划的实施过程中，要控制经营活动沿着规划的方向进行。

3. 年度规划的调整

参加订货会后，订单已经选定，本年度产品销售及经营条件确定。此时应当根据订单情况及时调整规划，使各种计划更加符合经营活动的要求，确保企业经营处于最佳状态，取得最好的经营成果。

根据新问题，需要及时调整年度规划，适应新的局面。如何调整年度规划，选取恰当解决方法，要在经营实践中不断探索，寻求合理答案。

需要重点说明的是，无论是企业总体战略、年度规划，还是职位策略和业务计划，都需要用数据说话。凡事用数据说话、用数据检验，是 ERP 沙盘的重要法则。计划不是我们想当然的决定，否则在千变万化的竞争环境中，会让我们后悔莫及。因此，计划、策略乃至战略都要在把握内部条件、外部环境的基础上，经过严谨周密的计算，提供翔实可靠的数据加以论证，最终合理选择，科学决策。

4. 年度规划的评价

年末，总经理要对规划及规划的执行、控制情况进行评价。评价是指团队的成员通过对规划的各个方面，根据经营活动的结果进行量化和非量化的测量过程，最终得出一个可靠的结论。评价能提高规划管理的能力，能更科学地制定规划，使规划更合理可行。

评价和思考是最为复杂的两项认知活动，正确的评价有利于科学合理的规划的发展完善，更有利于企业的经营。年度经营结束，即可得到各个企业的财务报表，就会很容易地判断出哪个企业的规划优、哪个方案劣、谁在执行什么规划。我们要吸取他人的教训，避免在经营中重演；学习他人的优点，"师夷长技以制夷"，取得经营活动的最终成功。

任务 23　团队合作，其利断金

一、团队建设

团队是由数人组成的，激发团队的内动力首先要着眼于团队内部的每个成员。

团队是现代企业管理中"战斗"的核心，是企业做大做强的"灵丹妙药"，只要抓紧团队建设就能有锦绣前程。

一个优秀的企业管理者，会给员工创造一个可以充分发挥自己才能将工作做得最好的条件。如果管理者过分强调团队精神，则员工的创新精神必然受到压抑。企业管理者在建设团队时要遵循以下几个原则。

(1) 善于尊重。己所不欲、勿施于人。管理者要学会尊重下属，热情帮助下属，并善于赞美下属。

(2) 善于倾听。管理者要经常认真倾听部下的意见、想法并善于正面引导，当下属对工作感到困难时要主动进行安慰和开导，帮助他消除顾虑和压力。

(3) 善于授权。管理者要在明确的目标要求下，让下属有能力与权力去做事并对结果负责。

(4) 善于激励。激励就是力量，激励可以诱之以利，也可以惧之以害，但是最有威力的激励是改变心态。

(5) 树立标杆。管理者把注重培养工作业绩、学习意识等各项综合表现突出的下属树为标杆，在例会中介绍并推广他们的优秀业绩和成功经验，以带动整个团队有更好的士气。

(6) 创建学习的氛围。学习最主要的是静下心来去除浮躁。

二、交流合作

从岗位分工、职位定义、沟通协作、工作流程到绩效考评，沙盘模拟中每个团队经过初期组建、短暂磨合，逐渐形成团队默契，完全进入协作状态。全体成员有着共同愿望、朝着共同的目标、在彼此信任和相互支持下，齐心协力，企业才能取得成功。

《周易大传》说："二人同心，其利断金。"在模拟企业经营操作的各个环节中，都需要多个岗位的共同协作，如生产设备购置计划的落实就需要财务主管支付"现金"、生产主管购买生产线、供应主管及时订购原料、营销主管积极销售新增产品等共同行动。企业团队成员只有团结一致，才能使计划落实到实处，在经营中取得主动。产品销售是企业经营的主战场，因此，在制定销售策略时，营销主管要与财务主管沟通，掌握企业资金状况、确定适当的广告费用；与生产主管协调，准确计算产能，明确可供销售的产品数量；与供应主管沟通，保证充足原料的供应；听取总经理对企业年度规划的指导意见，使销售策略符合企业总体战略的要求；最终制订出详尽的计划，精确预算，然后实施。但是，再好的计划，在实施的过程中都有可能出现一些预想不到的问题，如市场选单竞争激烈、时间紧迫、可能选取了预想之外的订单等。在经营过程中如果出现问题，往往需要多个团队成员的共同努力来解决，一旦遇到问题，不要相互埋怨，而应当齐心协力，沟通协调，集思广益，合力解决。

三、业绩考评

总经理要从机构、流程、人员、评价、激励等方面优化管理，进行团队内部评议，对职员给出合理、恰当、公平、公正的评价，激励员工提高效率，为企业做出最大贡献。

企业经营过程中，每个人都有明确职责，具体的工作任务。总经理负责人员评价、激励等方面的优化管理，并组织团队成员进行团队内部评议，对每一位公司职员给出合理、恰当、公平、公正的评价；进一步明确每个职位的工作任务，细化和量化考核要求。ERP

沙盘模拟企业经营的成绩考核可分为以下 4 个部分，各个企业可以参考这 4 部分内容进行考核。

1. 企业岗位职责考核

企业职务职责考核内容及评价资料，如表 3-1 所示。

表 3-1 企业职务职责考核内容及评价资料

职位	主要工作任务	考核内容及标准	第1年	第2年	第3年	第4年	第5年	第6年
营销主管	经营记录	台账正确、全面						
	市场预测分析开拓	销售计划与执行						
	广告投放	广告费合理						
	按订单交货	按时交货						
	应收款管理	及时收回货款						
生产主管	经营记录	台账正确、全面						
	生产计划与执行	计划完成保证交货						
	产能计算	计算准确无误						
	设备投资与新产品研发	把握时机						
	生产成本计算	核算正确						
供应主管	经营记录	台账正确、全面						
	采购计划	适配生产计划						
	采购计划的执行	及时、准确下订单						
	保证供应	保障生产						
	库存管理	库存合理消化及时						
财务主管	经营记录	台账正确、全面、及时						
	资金预算与执行	预算科学、执行精准						
	融资管理	合理、适当						
	财务报告	正确、及时						
	费用计算	及时、准确						
总经理	经营记录	台账正确、全面						
	企业目标的制定	目标妥当						
	目标的达成	达成一致						
	经营流程控制	经营过程流畅						
	团队管理	团结、和谐、高效						

2. 企业经营成绩考核

企业经营岗位业绩考核内容及评价资料，如表 3-2 所示。

表 3-2　企业经营岗位业绩考核内容及评价资料

大项	考核项目	重点考查内容	分值	自评得分	团队评分	教师评价	综合得分
态度考评	积极性	高度热忱，主动完成，自主努力，认真努力	3				
	责任感	恪尽职守，不屈不挠，自始至终，不断改善	3				
	纪律性	遵守规定，表里如一，有序进行，自始至终	3				
	独立性	自我管理，自主判断，有理有据，自信解决	3				
	协调性	充分沟通，圆满协调，团结和谐，协助同事	3				
能力考评	经验知识水平	经验程度、认识水平、业务知识、社会常识	4				
	技能熟练程度	感知、识别能力，操作熟练，掌握方法	4				
	理解判断能力	充分理解，把握现状，把握本质，正确结论	4				
	改进创新能力	不断探索，独到见解，创新思考，灵活应用	4				
	策略计划能力	策略系统，计划合理，随机应变，提高效率	4				
业绩考评	工作质量	业务处理过程正确、标准，时效性高，完成的质量高	5				
	工作数量	岗位任务完成，达到标准，有效协助同事工作	5				
	研究创新	不断探究，把握实质，具有技巧，创新发现	5				
	策略计划落实	准确分析，计划合理，落实到位，调整及时	5				
	沟通协调领导	有效沟通，圆满协调，正确指导，统帅全局	5				
合计	—	—	60				

3. 总结研讨会考核

总结研讨会成绩考核内容及评价资料，如表 3-3 所示。

表 3-3　总结研讨会成绩考核内容及评价资料

考核项目	分值	团队评分	综合得分
参与态度	1		
语言表达	1		
认知水平	1		
理解判断	1		
策略计划	1		
操作技能	2		
技巧应用	2		
创新能力	1		
合计	10		

4. 实训报告考核

实训报告考核与评价，如表 3-4 所示。

表 3-4　实训报告考核与评价

经营分析报告			收获感悟报告		
考核项目	分值	综合得分	考核项目	分值	综合得分
语言表达	2		语言表达	2	
认知水平	3		真情实感	2	
分析深度	4		收获深度	3	
专业知识应用	4		感悟深度	4	
创新能力	2		实质内容	4	
合计	15		合计	15	

模块二　财务总监

财务总监主要负责管理资金、做好预算、用好现金、控制成本。财务总监的主要任务为：核算企业的经营成果；做好成本分析，控制成本费用；定期清查现金、盘点存货、保证账实相符；具体编制产品核算统计表、综合费用明细表、利润表、资产负债表等；按时报送财务报表。

任务 24 精于预算保收益，胆大心细防风险

一、预算

预算是经法定程序审核批准的国家年度集中性财政收支计划，是行为计划的量化，这种量化有助于管理者协调、贯彻计划，是一种重要的管理工具。

1. 现金为王

企业要想在竞争的环境中生存和发展，就离不开企业战略的指引。企业要存活，就要保证现金不断流、权益大于零。因此，做好精细的财务预算，是企业健康发展的保证。

2. 资金需求计划

财务主管的主要工作有现金收入和支出、融资的选择与管理、固定资产的投资管理、厂房与生产线的购买、资金预算与计划执行、会计核算等，而会计核算要负责现金收支登记、综合费用明细、产品核算统计、税金计算与缴纳、报表填报等。财务主管主要制定财务预算，制订融资计划、资金使用计划，以及与营销主管、生产主管、供应主管认真沟通，制订精确的资金需求计划。

3. 资金预算

财务主管参与企业重大决策、方案的讨论与制定，做好企业的资金预算，进行每一笔资金进出的具体操作。团队成员要掌握利润表、资产负债表的结构，通过财务报告解读企业经营现状；掌握资金流转对损益的影响，细化落实职位策略和业务计划；学会资金预算，控制融资成本，提高资金效率。

财务主管进行全面预算管理，指导团队成员进行岗位规划，根据企业战略、竞争环境情况、企业自身条件，制定企业 4~6 年整体的规划。

资金的合理安排，是其他管理部门正常运转的有力保障。在制定资金预算时，财务主管要与营销主管、生产主管、供应主管认真沟通交流，准确把握他们的计划与资金需求，既要保证各个计划的正常执行，又要避免不必要的资金浪费。

4. 财务管理

财务管理既要保证企业战略实施中所需要的资金供给保障，同时又不出现现金过多，多支付利息，造成浪费。财务主管要有一个准确详尽的预测，在第 1 年开始前要根据企业战略规划，对未来几年企业经营所需现金流进行推演，精密安排，细致推敲，确保预算万无一失。

5. 财务策略

财务策略的内容有财务预测、财务决策、财务控制、财务分析。财务预测即推演的过程，财务决策是选择财务预测中合理的方案，财务控制是发现与纠正偏差使经营的资金流动按照财务决策进行，财务分析是对财务预算进行评价。

6. 预算表

在沙盘模拟活动中，财务策略的成果具体表现为资金预算表。财务主管应当将每年度的财务策略经过推演，形成合理的、可以实施的预算表。

在沙盘模拟企业经营后台中有充分、科学的财务分析内容，利用教师后台即可查看分析结果。高年级的学生可以在教师的授课过程中加以学习、实践应用，会得到意外惊喜。

二、风险控制

企业进出的每一笔资金都要经过财务部门，通常将财务与会计两个职位设置一个岗位，由一人承担，因此，财务主管是任务重要且工作最繁忙的岗位。

1. 规避破产

企业生存是第一位的。如何规避破产，成为企业重点研究的问题。首先，要有一定的盈利能力，维持所有者权益的最大化；其次，要保证企业资金充足，防止现金断流现象的发生。

2. 财务费用与权益

企业资金少，可能会影响正常经营活动的进行，一旦资金断流，企业就会破产。有的企业为避免资金断流，就持有大量现金，使资金闲置，造成浪费。股东投资是要经营者去赚取利润的，资金闲置，就会使企业效益不佳，所有者权益的增加达不到预期目标，在竞争中就处于下风。

有时企业资金尚多，企业却破产了，这可能是大量融资，导致企业财务支出过多，致使年度净利下降，所有者权益为负。

企业要根据不同融资方式的资本成本和风险水平，确定不同融资方式的资金筹集比例及数额。在模拟中，由于不同筹资方式的资本成本及财务风险有所不同，所以企业应计算并比较不同筹资方式的资本成本及财务风险，进而选择适合企业的筹资方式及确定不同筹资方式的筹资比例，既要保证筹资的综合资本成本较低，又要控制企业的风险水平，这样才能以最经济的方式获取所需资金，并且在债务到期时能够及时偿还，而不至于由于债务安排的不合理，出现无法偿贷的财务危机。

任务 25　精打细算管现金，账目清晰报表准

一、日常现金管理

财务主管要对企业的资金进行预测、筹集、调度、使用、监控，其主要任务是：管理好现金流，确保现金不断流；进行现金预算，采用经济合理的方式筹集资金；做好财务分析，管好、用好资金。

通过经营记录表可以看出，资金的流入流出几乎涉及企业经营的全部业务。如果在年初的新年度规划会议中，将本年度可能发生的收入、支出金额填入经营记录表，就形成了资金预算表。预算中发现资金断流时，必须及时调整，在有资金流入的环节及时补充资金。

由预算表可以看出，资金流入只有贷款、变卖生产线和应收款收现，其中，贷款要付利息，变卖生产线可能会有损失发生，只有应收款收现对利润无影响。

二、融资管理

1. 融资方法的选择

融资方法有短期贷款、长期贷款、应收款贴现、出售库存、厂房处理等，首先要研读规则，明晰各种方法的优劣、所付利息或损失的多少，做出科学合理的选择。

融资多采取短期贷款"贷滚贷"的模式，或者在现金需要多的季度多贷短期贷款。长期贷款一般只用于支付每一年度第1季度短期贷款的还本付息。贴现多发生在没有贷款额度的情况下进行。出售库存、厂房处理费用多，对权益影响大，只是在关系企业存亡的时候才使用。

2. 确定企业最佳的融资方案

确定企业最佳的融资方案，合理规划资本结构。在准确地预测出企业资金需要量的基础上，通过对不同的融资方式的定性与定量分析，明确企业可供选择的不同融资方式的筹资数额及占总筹资额的比例，制定出最佳的筹资方案，构建出科学的资本结构。

三、财务报表

在一个年度经营活动结束时，财务要填写各种报表，并及时提交报表。

财务需要填写的报表有产品核算表、综合费用表、利润表、资产负债表，其中综合费用表、利润表、资产负债表需要在系统中填写并提交，年度经营活动的结束是以提交报表的时间为准的。

年末编制反映企业财务状况的资产负债表时，将第1年资产负债表的内容填写在第1年资产负债表的期末位置，同时填写在第2年的期初位置，即本会计年度期末数同时也是下一会计年度的期初数。

任务 26　费用控制成本减，增加利润权益高

一、利润分析

1. 利润

$$利润 = 收入 - 费用$$

$$净利润 = 销售额 - 直接成本 - 综合费用 - 折旧 - 财务费用 - 所得税$$

从上式可知，提高企业利润必然要增收节支。

2. 增加销售收入

销售额与企业生产的产品种类、产品的生产量、产品的销售数量紧密相关。

销售总额=各个产品销售额之和=P1 销售价格×P1 销售数量+P2 销售价格×P2 销售数量+P3 销售价格×P3 销售数量+P4 销售价格×P4 销售数量

提高销售收入有两种方式：一是增加销售数量，多生产、多销售产品，不断做大企业；二是提高销售价格，选择同一产品中价格高的订单，多生产销售价格高的产品，市场细分选择价格高的市场进行销售。

不同产品的价格不同，销售额也不同。价格低的产品，应当增加销售数量，多购置生产设备，保证多的产能，以保障销售额；反之，价格高的产品，可以低的销售数量，达成预计的销售额。当然，同一产品也存在价格的高低，这与销售策略、订货会选单方法和技巧有关。

3. 减少成本费用

增收节支，节支是提高利润的有效途径。"节支"也要适度，过度"节支"会影响企业发展。企业不能为了"节支"而不采购生产设备扩大生产，否则产能低下，使收入减少；不能为了"节支"而过度减少广告的投放，广告少，订货会选取订单会因此而靠后，失去主动权，造成产品库存，使收入减少；不能为了"节支"而不去开拓市场、研发新产品等，进而影响企业发展潜力。

二、成本费用控制

1. 成本费用分析

净利润=销售额−直接成本−综合费用−折旧−财务费用−所得税

其中：综合费用=管理费+广告费+维修费+产品研发费+市场开拓费+ISO 认证费+厂房房租+信息费+转产费+其他损失。

对于年度净利润的影响因素，我们逐一做简单的解读。

(1) 销售额：销售额与其他因素是反向影响，在研究销售额的影响因子时，要把其他因素固定不变；在研究后续所有负向因素时，要把销售额设定在固定不变的情景之下。

(2) 直接成本：直接成本是所生产的产品所决定的，各个产品的直接成本是不变化的。当然，不同产品的销售数量也影响直接成本总额的大小。

直接成本=P1 直接成本×P1 销售数量+P2 直接成本×P2 销售数量+P3 直接成本×P3 销售数量+P4 直接成本×P4 销售数量

当销售策略一定时，销售的产品及数量确定，直接成本难以改变。

(3) 管理费：管理费是规则规定的，不能改变。

(4) 广告费：广告费是销售实现的保证，广告费用的高低与销售额的实现成反比，但这是企业可以自主选择和控制的。

(5) 维修费：企业的生产规划一旦确定，生产设备的需求也就确定，维修费随之产生。要针对不同市场设备的相关规则，在保障产能的前提下，力争维修费最低。维修费一般难以改变。

(6) 产品研发费：产品研发费是企业产品策略决定的，不宜改变。

(7) 市场开拓费：市场开拓费是企业销售规划所决定的，一般不宜改变。

(8) ISO 认证费：ISO 认证费是企业销售规划所决定的，一般不宜改变。

(9) 厂房房租：厂房可以买也可以租，各有特点，要与企业整体规划结合决定，一般不宜改变。

(10) 信息费：信息费是对其他企业进行间谍时发生的费用，一般不宜发生。一般情况下不进行间谍活动，因此信息费不会轻易发生。

(11) 转产费：转产费是生产设备转产时产生的，要尽量避免发生，但在紧急应对时，可以采取该措施，一旦费用发生就难以改变。

(12) 其他损失：其他损失是在发生紧急采购、出售库存、出售原材料、变卖生产线等活动时产生的与成本之间的差额部分。避免发生其他损失的方法有：①严格预算，不出误差；②仔细认真执行，不出现操作性的低级失误；③做好规划，早做预算。当然，遇到对企业有利的选择时，虽然会发生损失，但对利润增长有利，可以主动出击。

(13) 折旧：折旧是生产设备所产生，要结合生产方案、生产设备方案确定，一般难以改变。

(14) 财务费用：财务费用是企业融资所产生的费用，虽然不能避免发生，但可以通过科学的预算来降到最低。

(15) 所得税：企业的纳税事务简化为企业所得税，纳税对象和税率确定。只有进行合理避税，才能进行合理的财务处理，为企业争取最大利益。除了合理避税，一般难以改变。

综合来看，在成本费用中，财务费用和广告费用是企业可以自主控制的两个因素，所以要认真对待，积极探究，科学处理，争取企业利益最大化。

2. 财务费用的控制

在模拟企业经营中财务费用有长期贷款的利息、短期贷款的利息、应收款贴现的贴现利息等。

首先，要科学预算，合理安排资金的运转，少贷款。但是贷款少，资金少，企业扩张就可能受限。企业要权衡贷款的财务费用支出与企业扩张产能增大的矛盾，做出合理选择。

其次，长期贷款利息比短期贷款利息要高，因此企业尽可能地采用短期贷款，以降低财务费用，减少对利润的负面影响。同时，利用规则对贷款数额做出合理安排：一是短期贷款利息为 5%的情况下，可以安排贷款数额为 29W、49W、69W、89W，巧借四舍五入规则，用较少的利息支出，获得较多的资金使用。同理，长期贷款利息为 10%的情况下，可以安排贷款额度为 14W、24W 等，但要注意长期贷款是累计的；二是按照上述方法安排贷款有贷款额度余额，如剩余贷款额度为 36W，若安排 29W 的短期贷款，则有 7W 的贷款余额没有贷出，此时要与其他融资方法比较费用的高低及可行性，采用不贷出、列入长期贷款、在需要时安排短期贷款、用贴现补充等方法中最合理的方法处理；三是在有资金需求的季度初，参照资金的需求安排贷款额度；四是短期贷款的时间安排，如第1年的第1季度或第2季度只安排其中之一贷款，短期贷款第4季度可以安排多的贷款数额等。

再次，贴现要与贷款比较权衡，合理选择。贷款有额度限制，贷款不能满足企业需要时，可以安排贴现，但要合理贴现，避免出现贴现恶性循环。在参加订货会选取订单时要参照企业资金需求预算情况，选取账期合理的订单。有时为了合理避税，可利用贴现增加财务费用，实现合理隐藏利润的需要。

在企业面临资金断流又无其他解决方法时，可以处理厂房。厂房处理得到账期为4季的应收款，根据需要安排贴现。但"厂房贴现"是出售厂房的价款直接全部贴现，费用高。预算时安排好厂房处理的时间，能节省费用。

3. 广告费用的控制

销售收入与综合费用形成相互制约的一对矛盾。在产能一定的情况下，销售收入与广告费用形成相互制约的一对矛盾的两个方面，要使销售收入高，意味着投放广告多，综合费用高；反之广告投放少，综合费用减少，必然致使销售收入减少。如何解决这一矛盾，寻找最佳结合点，需要财务主管在经营实践中积极思考，不断总结经验，探索解决矛盾的良方。

同等产能的产品，销售价格高其对应的销售收入就高。与产品的销售价格紧密关联的是产品的毛利，价格的高低本质上是毛利的高低，所以要把注意力放到毛利上。企业每一年的销售计划，一定要认真进行市场分析，精细研判竞争形势，做好销售的产品组合，采取妥当规划，做好销售的产品组合和产品数量组合。一般情况下，销售毛利高的产品需要比较多的广告，反之销售毛利低的产品需要比较少的广告，在毛利与广告费用之间做出合理的判断与选择。

同时，销售收入与运营费用(维修费、折旧等)也是一对矛盾，同样需要认真研究和探索。

模块三　营销总监

任务27　分析市场明需求，高超营销得胜绩

市场营销就是企业用价值不断来满足客户需求的过程。企业所有的行为、资源，无非是要满足客户的需求。营销总监将学会如何分析市场、掌握竞争对手情况、制定营销战略、定位目标市场，制订并有效实施销售计划，最终达成企业战略目标。

一、研读规则

销售是企业生存和发展的关键。销售收入能给企业带来利润,销售取得成功是企业生存和发展的关键。

订单是企业产成品销售的依据。ERP 沙盘模拟中客户(市场)需求以订单形式出现。企业需要分市场、分产品投放广告,按照广告多少、市场广告总额、上一年本市场销售额、广告投放先后等排列选单顺序,依次选取订单。

不同比赛,市场开拓规则、广告投放规则、产品销售(订单选取)规则等可能有少许改变。市场开拓要根据企业生产的产品,及时开拓,防止出现因市场原因造成产品滞销的情况;广告投放要知悉技术,具有战略高度,提高广告效能,以少胜多,以巧制胜;产品销售(订单选取)要有产品搭配、前后关联,有的放矢,战术得当,判断合理,行动迅速。营销总监一定要深入研究销售相关规则,寻求营销技术,破解销售技巧,提高销售效率,做到"稳、准、狠",达到盈利预期。

二、分析市场

市场分析是对市场供需变化的各种因素及其动态、趋势的分析。通过市场分析,可以更好地认识市场的商品供应和需求的比例关系,采取正确的经营战略,满足市场需要,提高企业经营活动的经济效益。营销主管要在市场上取得胜利,必须学会分析,弄懂市场,立足市场做销售,放眼全局定策略,措施有见解,方法有依据。

1. 市场分析

市场分析的作用主要表现在以下两个方面。

1) 企业正确制定营销战略的基础

企业的营销战略决策只有建立在扎实的市场分析的基础上,以及对影响需求的外部因素和影响企业购、产、销的内部因素充分了解和掌握以后,才能减少失误,提高决策的科学性和正确性,从而将经营风险降到最低。

2) 实施营销战略计划的保证

企业在实施营销战略计划的过程中,可以根据市场分析取得企业的最新信息资料,检验和判断企业的营销战略计划是否需要修改及如何修改,以适应新出现的或企业事先未掌握的情况,从而保证营销战略计划的顺利实施。

只有利用科学的方法去分析和研究市场,才能为企业的正确决策提供可靠的保障。

因此,若想实现销售目标,首先要读懂市场。模拟经营开始时,参赛选手会拿到市场订单,首先将其转化为易于读懂的市场分析表。

2. 需求分析

需求分析的市场预测表,如表 3-5 所示。将本年度该产品不同市场的需求相加后可得到本年度本产品的需求合计;本年度所有产品全部市场需求合计,表明本年度总需求量的情况;平均每队需求量是平均到每一个具体团队的需求量,可掌握产品销售难易情况。

表 3-5 市场预测表——需求分析

序号	年份	产品	需求合计	年度合计需求量	平均每队需求量
1	第 2 年	P1	35	114	11.4
2	第 2 年	P2	35		
3	第 2 年	P3	26		
4	第 2 年	P4	18		
5	第 3 年	P1	67	191	19.1
6	第 3 年	P2	46		
7	第 3 年	P3	48		
8	第 3 年	P4	30		
9	第 4 年	P1	78	244	24.4
10	第 4 年	P2	45		
11	第 4 年	P3	58		
12	第 4 年	P4	63		
13	第 5 年	P1	73	269	26.9
14	第 5 年	P2	76		
15	第 5 年	P3	61		
16	第 5 年	P4	59		
17	第 6 年	P1	82	276	27.6
18	第 6 年	P2	67		
19	第 6 年	P3	66		
20	第 6 年	P4	61		
总和	—	—	1094	1094	109.4

此外，还可以计算各个产品在整个经营周期内的需求总量，表明不同产品销售的难易程度，分析市场对某一产品的需求状况，有助于确定企业的产品策略。

3. 订单分析

市场预测中，订单分析包括订单数量分析、均单分析。

(1) 订单数量分析。根据不同产品在不同市场上的订单数量，以及全部企业中销售该产品的企业数量，判断获取订单的难易程度、取得多轮次选单机会的可能性及难易程度，为广告投放提供依据。订单数量的市场预测表如表 3-6 所示。

表 3-6 市场预测表——订单数量　　中职订单—规则三(8~10 组)

序号	年份	产品	本地	区域	国内	亚洲	国际
17	第 6 年	P1	7	7	0	0	6
18	第 6 年	P2	6	0	6	0	7
19	第 6 年	P3	6	5	0	6	0
20	第 6 年	P4	0	5	6	0	5

由表 3-6 可知，第 6 年本地市场 P3 有 6 张订单。如果本年度有 4 个企业可以生产销售 P3，则企业投放 1W 的广告一定能获得一张订单，并且能选到处于中间的订单；投放 3W 以上且排名靠前的 2 个企业，可以获得第 2 轮选单机会；如果判断其他企业广告都是 1W，则投放 5W 可以获得 3 张订单，当然要研判可能性与合理性。

(2) 均单分析。用需求量除以订单数即可得到均单量。在赛前得不到详单的情况下，均单量用来推测不同年度、不同市场、不同产品的订单结构，判断获取订单的结构，明确售出产品的数量，以利于整体布局，及时采取措施。均单量的市场分析表如表 3-7 所示。

目前，模拟经营开始时，参赛人员进入赛场后即给详单。订单明确后，更要深入研究，获取订单详情，进一步明确订单的交货期等内容，策划本年销售的市场布局、产品组合，进而确定销售计划。

表 3-7　市场分析表——均单量　　中职订单(8~10 组)

序号	年份	产品	本地	区域	国内	亚洲	国际
17	第 6 年	P1	3.71	4.43			4.17
18	第 6 年	P2	3.33		3.50		3.71
19	第 6 年	P3	3.83	4.20		3.67	
20	第 6 年	P4		4.00	3.50		

4. 毛利分析

均价减去单位产品成本即得到平均毛利。在毛利高的市场销售产品，得到的毛利多，权益就会高，所以应该在高毛利市场销售多的产品。当然毛利高的市场参与销售的企业就会多，订单就会紧缺，广告费用就必然多，反之亦然。产品平均毛利如表 3-8 所示。

表 3-8　产品平均毛利　　规则三(8~10 组)

序号	年份	产品	本地	区域	国内	亚洲	国际
17	第 6 年	P1	3.5	3.48			3.52
18	第 6 年	P2	4.45		4.38		4.23
19	第 6 年	P3	4.3	4.38		4.82	
20	第 6 年	P4		4.3			4.55

三、调查(间谍)资料分析

各个企业的情况有所不同，为了能准确掌握竞争环境，在沙盘模拟的每一年模拟经营活动结束后，设置了询盘时间，即间谍活动，以了解其他竞争对手的情况。"知己知彼，百战不殆"，对自己企业内部条件掌握的同时，也要掌握对手的情况，以分析竞争环境，寻找突破口，捕捉战机，争取成功。参赛人员可以设计一些实用的表格用于询盘记录。询盘信息表如表 2-5 和表 2-6 所示。

1. 通过间谍活动分析资料

通过间谍活动，掌握了大量的信息资料，企业要进行分析研究，加以利用。重点分析的资料如下。

(1) 产能分析。根据各企业的生产设备情况就可以计算出最大产能。

(2) 可能销售数量的分析。根据库存、产能可以计算出各个企业的可能销售量。

(3) 现金分析。现金会影响广告投放费用及选单的策略。

(4) 过滤竞争对手。找出有潜力的、与本企业策略相近的企业，明确目标；找出对手的弱点和优点，寻找外部机会与威胁，学习他人优点。

2．通过市场分析资料

通过市场分析，丰富了的信息资料，企业要再次分析利用，有关分析如下。

(1) 推断对手的广告投放策略。

(2) 利用市场需求信息。如果可能销售的产品总数量(包括自己的企业)小于市场总需求，则投放比较少的广告，就可以完成预期的销售数量；反之，如果可能销售的产品总数量大于市场总需求，则应当投放比较多的广告，抢占有利地位，才能完成预期的销售数量。

(3) 寻求破解方法。结合市场特征和竞争环境情况，寻求针对竞争对手的合理策略。

(4) 确定营销目标。希望实现的销售数量、毛利等。

(5) 确定销售策略。制定合理的营销策略，制订广告投放计划。

(6) 明确选单策略。

(7) 明确选单计划等。

四、营销策略的制定

1．企业总体发展目标

(1) 企业总体发展目标是企业未来一年发展的具体描述，包括销售目标、利润目标、市场占有目标、市场扩张目标和品牌发展目标。

(2) 在总体发展目标下，分市场销售目标、产品销售目标等，以确保按步骤最大限度地完成目标。

2．年度营销费用预算

(1) 营销费用来源于企业流动资金，取决于企业整体资金投入计划。

(2) 营销费用项目主要是广告费。

3．整体营销策略思想

(1) 整体营销策略是对如何达成目标的方向性描述，对各项分类策略起整合、指导作用。

(2) 整体营销策略的产生基于企业年度营销形势的分析，是对如何开展营销活动赢得竞争优势的最终结论。

4．市场定位策略

(1) 对市场的有效细分：这是市场定位策略的基础。

(2) 对目标市场的界定：从细分的市场中选出企业的目标市场，关键在于要对企业资源状况有清晰的认识。

5. 产品策略

产品定位：在市场定位前提下对产品策略方向的界定，要做到产品与目标市场的一体化，最常用的是以高、中、低三类不同档次的标准加以区别。

6. 价格策略

(1) 价格定位：依附于市场定位和产品定位，是整个价格策略的核心思想和制定价格政策的指导原则。

(2) 价格组合：依据市场区域的需求和产品的种类等要素制定，为消费者提供多样化的选择，为企业带来不同的盈利水平。

(3) 盈利空间：根据已有的价格组合体系，详细分析出每个产品的毛利水平，并汇总出综合的毛利水平。

7. 渠道策略

(1) 渠道策略思想：对渠道策略的方向性描述。

(2) 市场管理：描述企业市场发展和扩张方向。

8. 促销策略

促销策略包括制定具体的广告制作方案、制订媒体投放计划、消费者促销方式、整体推广活动主题和形式、终端促销形式等计划方案，并形成单独的执行文本。

在模拟经营中主要是精细耕耘市场，精心培育广告策略，获取销售成果。

9. 注意的问题

在实际操作中，营销主管要着重考虑各个因素，并注意如下问题。

(1) 根据企业的产能选取适量的订单，避免因产能不够而产生违约，造成损失。

(2) 力争用最低的广告费用，获得最大的销售额和利润。

(3) 保证现金及时流入企业。

(4) 要以正确的方式投放广告。

(5) 尽量在利润高的市场选拿取订单，尽量选取利润率高的订单。

(6) 正确分配各个市场的产品销售数量。

(7) 充分掌握竞争对手的相关信息。

(8) 要注意各个企业广告投放习惯及记录对手取得的订单内容，了解他们的习惯，掌握他们的弱点，知道对手的客观情况，研究对手的策略，针对其行动的特点，找到破解的方法，才能准确打击对手，这些既需要理性的认知，又需要准确的判断。

营销主管要按照制订营销计划的程序，通过定性、定量分析，确定营销计划，制定合理的营销策略，制订广告投放计划、选单计划，实施和控制市场营销活动，实现销售目标。

任务 28　攻克难点，巧妙投放广告

一、制定广告策略

在不同的产品市场组合中，可以选取不同的方法应对。在营销工作中有许多意会性的知识，需要营销主管在工作实际中不断思考、体验、反思、总结，以提高自己的方法与技巧。

有了合理选择，上面的问题就有了答案。现在需要及时调整年度规划与计划，适应新的形势的要求。

营销主管要换位思考，正确推理出其他企业的广告策略是获得成功的捷径与技巧，准确判断竞争对手的策略、方法，针对性地制定策略与计划，赢得竞争主动，取得优势。同时，营销主管要及时变换自己的战术，不要被其他企业掌握本企业的战术方法。

二、完成广告投放

1. 拟定广告组合

在产能一定的情况下，投放广告高，销售就会多；反之，广告投放低，销售就会少。

企业每一年的销售计划，一定要认真进行市场分析，精细研判竞争形势，做好销售的产品组合，采取妥当规划，做好销售的产品组合和产品数量组合。一般情况下，销售毛利高的产品需要比较多的广告，反之，销售毛利低的产品需要比较少的广告，因此，营销主管要在毛利与广告费用之间做出合理的判断与选择。

企业每一年的销售规划及广告策略会有所不同，主打的产品和市场也不同。受现金和广告费用的限制，企业不能只选择一种产品或只在一个市场销售，要科学、合理、适宜地组合产品或市场，以取得较高的销售额。

如何解决这一问题，寻找最佳结合点，营销主管需要在经营实践中积极思考，不断总结经验，探索解决矛盾的"良方"。

2. 投放广告

销售收入给企业带来利润，实现销售是企业生存和发展的关键。营销主管要进行市场开发，获取市场准入；进行需求分析、市场预测，确定部门的营销目标；制订销售计划和预算；开展销售业绩分析与评估。

占有市场才能销售产品，收回货款才能实现利润，赢得竞争企业才能生存和发展。营销主管应结合市场预测和客户需求制定市场竞争策略，制订销售计划，有选择地、合理地进行广告的投放，取得符合企业生产能力的订单，配合生产管理，按时交货，及时收回货款。

在沙盘模拟中，客户(市场)需求以订单形式出现，企业需要分市场、分产品投放广告，投放 1W 广告费有一次选单机会(如投放 5W 可能有 3 次选单机会，能否拿到 3 张订单则取决于市场需求、竞争状况)，在不同的市场产品组合(一个市场产品组合在选取订单时称为

一个回合),分别按照选单排名顺序规则依次选取订单。订单是企业销售产成品的依据,营销主管应根据企业自身条件和市场需求制订营销计划;分析竞争环境针对性地制定营销策略;针对不同的市场产品组合制订广告投放计划,有选择地投放广告费;运用营销策略控制销售成本;根据其他企业广告投放情况制订各个回合选单计划;选取与企业承诺匹配的获得利润高的市场订单。

销售是实现利润的关键,营销主管要想具有高水平的销售技巧,一定要学习营销、销售知识,科学地开展相关工作,不要一味地利用感觉行事,靠运气取胜。

任务 29　精细快速反应,选取适宜订单

一、订单再认识

模拟企业经营沙盘中,把客户需求简化为订单,不同客户的需求不同,产生的订单也有所不同。为了科学地选取适宜本企业的订单,我们引入毛利率的概念。

同一产品价格不同,毛利也不同。同一产品因直接成本一样,因此,价格越高,毛利也越高,企业获得的利润就越多。而不同产品的直接成本和价格不同,毛利也不同,有的产品价格、毛利普遍较高,如 P4 产品比 P1 产品价格、毛利高,因此不能只以订单价格和毛利确定订单的优劣。

$$毛利率 = 毛利 \div 销售额(总价款) \times 100\%$$

由公式可以看出,毛利越高,销售额越低,毛利率就越大。同一产品,销售数量一定的情况下,价格越高,毛利越高,毛利率也会同步增加。不同产品销售数量一定的情况下,销售总额不变或增加,毛利增加,毛利率也会同步提高。

毛利率高,同等销售数量的情况下,可获取高的利润,提升经济效益,从而提高所有者权益。销售收入、利润、所有者权益是相互促进的共同体。

企业不能为追求毛利率而降低销售总额,因为销售额的快速降低必然引起毛利总额的减少,进而减少年度净利润。

只有在其他条件许可的情况下,毛利、毛利率同时高的订单才是本企业所要选取的最佳订单。

因此,订单不能简单地区分优劣,适合本企业的才是最好的。`

二、适宜的订单组合

订单的数量、交货期、账期各不相同,有优有劣,各个方面均有利的订单不多,同时订单不是可以随意选择的,要根据市场规则安排的选单顺序进行。在订货会上,营销主管要及时反应,选取适合本企业的订单,科学组合订单,完成销售任务。表 3-9 所示为第 3 年产能计算表。

表 3-9 第 3 年产能计算表

季度	P1	P2	P3	P4
第 1 季度	3	2	1	0
第 2 季度	2	2	2	2
第 3 季度	2	2	2	2
第 4 季度	2	2	2	2

注：表中数据为产成品的数量。

下面以 P2 产品为例来介绍订单详情。第 3 年 P2 的订单详情如表 3-10 所示。

表 3-10 第 3 年 P2 的订单详情

订单编号	年份	市场	产品	数量	总价	交货期	账期
10-0079	第 3 年	本地	P2	3	21W	3 季	0
10-0080	第 3 年	本地	P2	4	27W	2 季	3 季
10-0081	第 3 年	本地	P2	2	14W	2 季	4 季
10-0082	第 3 年	本地	P2	3	19W	3 季	2 季
10-0083	第 3 年	本地	P2	3	20W	4 季	2 季
10-0084	第 3 年	本地	P2	1	7W	4 季	2 季
10-0085	第 3 年	本地	P2	4	28W	3 季	2 季

表 3-10 中，我们要先解决 2 个 4 交货期的订单，即 10-0083 和 10-0084 两张订单，因为 10-0084 订单只有 1 个产品的需求，所以选择 10-0083 订单更合理，这样就卖出了 3 个 P2。3 交货期的订单有 10-0079、10-0082、10-0085 共 3 张可供选择，10-0082 号订单因价格低，毛利少而弃选。因此，有 3 个选单方案：A 方案——选择 10-0084 号订单，卖出 1 个 P2，接下来选择 10-0080 号订单才能全部卖出；B 方案——选择 10-0085 号订单，卖出 4 个 P2，剩余 1 个，接下来无合适的订单可以选择，本年度要库存 1 个 P2；C 方案——选择 10-0079 号订单，卖出 3 个 P2，接下来选择 10-0081 号订单就能全部卖出。案例订单比较如表 3-11 所示。

表 3-11 案例订单比较

方案	卖出数量	卖出总价款	获取总毛利
A	8	54	30
B	7	48	27
C	8	55	31

由表 3-11 可知，选择 C 方案可多获得一个毛利，同时，10-0079 号订单的账期为 0，能及时收回货款，避免贴现的发生，因此，C 方案是最佳选择。

三、精准反应，快速选取订单

参加订货会时，要提前策划，选取订单时运算迅速、准确，做出准确选择。

1. 查看广告，合理计划

订货会召开前，裁判会下发全部企业投放的广告，供各企业查看。首先，要按照广告投放情况排列各企业选取订单的顺序，明确本企业在每一个选单回合中的排位情况。其次，要与广告投放时的策略对比，对于出现的新问题，要快速反应，寻求合理解决方法。再次，在最后一个选单回合时对本企业的选单情况和机会做出合理推演。最后，结合前期对详细订单的认知，制订本企业选取订单的计划。

2. 合理选取订单

参加订货会选取订单时要考虑的因素很多，要完成本企业的销售任务，需要按照如下顺序考虑和解决问题：①交货期。要完成销售任务，订单的交货期必须要有保障。②价格。价格高的订单是稀缺资源，也是企业增加盈利的有效途径之一，但要将价格与销售数量结合考虑，争取本企业在本年度的毛利最高，取得利润最大化。③产品组合。统筹不同产品的订单，合理分配各个产品的产能。④账期，同等条件下，选择账期短的订单。

3. 精准计算，快速反应

订货会上除了首单每一个企业选取订单的时间都较短(多为 45 秒)，一般要求在倒计时 10 秒时选取订单，因此留给营销的反应时间只有 35 秒。营销总监要提前研究详细订单，做好准备，到选取订单的时候精准反应，快速选取适宜本企业的订单。

在选取订单时需要及时精准计算，做出快速反应的问题有：①产品分配，订单产品数量的组合。②最后选取订单机会时，若订单产品数量与本企业剩余产品数量不一致，是否采取紧急采购的方法处理。③价格与毛利的权衡。④是否采取以高毛利产品的订单替换低毛利产品的订单。⑤价格与账期的权衡等。在模拟企业经营活动中要不断探究，寻求合理解决途径与方法。

模块四　运营总监

在制造型企业经营过程中，生产的产品、新产品的研发、原材料的采购、原材料的供给保障、生产管理、品牌建设等一系列问题背后的一系列决策问题就自然地呈现在面前，它跨越了专业分隔、部门壁垒。在模拟企业经营过程中，学生要充分运用所学知识保证企业生产运作的适度，确保企业经营的合理发展。

任务 30 掌握产品知识，开展产品管理

一、产品知识

1. 产品生命周期

产品生命周期就像人的生命周期一样，要经历出生、成长、成熟、老化、死亡等阶段。就产品而言，其要经历开发、引进、成长、成熟、衰退的阶段。模拟经营中，制造型企业可以生产 4 种产品，即 P1、P2、P3、P4，这 4 种产品性质不同，各有特点，生命周期也不同。产品生命周期有以下 4 种。

(1) 引进投入期。新产品投入市场，便进入投入期，产品也有待进一步完善。

(2) 成长期。该周期顾客对产品已经熟悉，大量的新顾客开始购买，市场逐步扩大。产品大批量生产，生产成本相对降低，企业的销售额迅速上升，利润也迅速增长。

(3) 饱和成熟期。市场需求趋向饱和，潜在的顾客已经很少，销售额增长缓慢直至转而下降，标志着产品进入了成熟期。

(4) 衰退期。随着科学技术的发展，新产品或新的代用品出现，将使顾客的消费习惯发生改变，转向其他产品，从而使原来产品的销售额和利润额迅速下降，产品进入衰退期。

运营总监要依据市场预测，分析 4 种产品的生命周期，并根据其特征分别对待，寻找本企业适宜的产品，针对不同产品特征，采取对应措施，保障企业盈利最大化。

2. 产品研发

不同产品的研发时间不同，费用也不同，对企业经营活动的影响也不同。

产品研发时间的长短，影响企业生产设备的选择、购置及生产计划。例如，P1 的研发时间是 2 个季度，可以用手工线安排在第 1 年第 3 季度开始生产；P4 的研发时间是 5 个季度，第 2 年的第 2 季度才能开始生产，可以使用柔性线进行生产，如果使用自动线生产，则可以比其他产品的自动线晚一个季度开工购置和安装。

研发的费用是综合费用，产品的研发费用高，研发的产品多，研发费用多，第 1 年年终权益就少，第 1 年生产设备的购置就可能减少，下一年的贷款额度就低，直接影响第 2 年的经营活动。

企业不宜研发全部产品与单一产品，所以一般采取产品组合。制定企业战略时，要根据市场需求、研发规则、生产设备规定、产品组合特点、其他企业推断、资金预算、产品构成、原料采购等，找到适宜的产品方案。

3. 产品构成与成本

产品的构成不同，需要的原材料不同，而原材料预备的时间不同，预算也不同，经营活动也就存在差异。一般，需要的原材料越多，采购原材料需要的资金就多，现金流就受影响；相同毛利的不同产品，其直接成本越高，产品价格就越高。因此，研究市场不能只看不同产品的价格高低，更要看毛利的差异，以毛利的高低指导销售策略的形成。

4. 管理体系认证

根据市场需求，保证产品质量，管理体系认证。为了保证生产的产品符合客户需求，还需要开展质量管理。模拟经营中，用 ISO(包括 ISO 9000 和 ISO 14000)认证的要求替代企业质量管理。

企业是否开展 ISO 9000 和 ISO 14000 的认证，需要深入研究市场，在适当的时机做出合理的选择和开拓认证工作。

模拟经营中，学生要研究规则，剖析市场，结合订单详情，集体讨论并决定是否进行认证、选择哪个认证或全部认证、认证的时机选择等。

二、产品管理

根据市场需求，研究产品发展前景，提供产品规划，进行产品研发管理。

运营总监要掌握产品相关的知识与技术，与团队一同研究市场需求，在企业战略研究会议中提供产品规划，共同确立产品方案。

在模拟企业经营比赛中，受初始资本的制约，一般开局时，不宜 4 个产品一起全部研发，要根据产品特征、市场需求、团队特色、企业战略要求等，科学合理地选择适宜本企业开局的产品开展生产并进行销售。

不同产品的成长时期不同，自身的特征、特点也不同。在企业开始经营前，一定要深入细致地研究其他企业经营的特点，合理判断其他企业初始的产品方案，科学推断出全部竞争企业的产品分布，找到符合实际的本企业的产品方案，明确自己的开局产品研发策略，就能在竞争中争得有利的开局，并进一步发展为企业优势，取得经营的胜利。

企业可以根据自身特点，以及对市场的认识和竞争环境的判断来自主制定产品规划，包括产品的研究、产品的选择、新产品的研发、新产品研发的时间、新产品研发的进度、研发资金的预算安排等。

随着模拟经营活动的持续进行，可以有选择地进行新产品的研发生产，但必须要经过团队研究形成统一意见才可以实施，实施过程中应与购买生产设备、资金需求预测、资金预算等环节做好配合。

在模拟企业经营比赛中，市场需求有多种不同的变化，研究产品发展前景，提供产品规划，为企业更多盈利做出产能保障。

产品研发、ISO 认证所需资金不多，对现金的要求不高，但这些是费用支出，影响年终所有者权益，而权益的减少，将直接影响下一年的贷款额度。因此，新产品的研发、新产品研发的时间、新产品研发的进度等要精确安排到每一季度，资金预算精确到每 1W。

任务 31 编制生产计划，科学成品管理

一、编制生产计划，平衡生产能力

1. 生产设备

生产设备有多种，购置资金不同，维修费用不同，折旧不同，生产能力不同，如表 1-2 和表 1-3 所示。企业经营团队要根据本企业需要，科学合理地选择适宜的生产线。

不同的生产线，购置资金不同，相同初始资本能够购置的生产线数量就会不同，其产生的产能也会不同，要结合企业规则、营销规划、销售策略等共同确定。

不同的生产线，维修费用不同，折旧不同，其费用产能比也就不同，在同一规则下，生产线就会有稍许的优劣之分，要科学选择生产设备。

2. 产能适度扩张

产能是生产能力的简称，是企业生产的产品数量的多少。不同生产设备的生产能力不同，每一年度的产能也不同，可供销售的产品数量也就不同。所以要立足于整个企业的规划和完整的经营过程来制订生产计划。

产能由两部分构成：一是原有生产线的产能；二是新上生产设备的产能。新上生产线要根据企业资金状况、市场需求，判定新上生产线的类型、数量、时间，并据此计算出新增的产能。

生产主管的主要工作有产品策略分析、新产品的研发、生产能力的分析、设备管理、生产费用的计算管理等。在进行市场预测、竞争对手分析后，与团队成员(特别是供应主管)充分沟通，制定生产策略，制订新产品研发计划、设备投资计划、生产计划和物料需求计划。

生产策略与计划的内容有：设备投资计划是确定新设备的安装地点、资金来源、购买时间；生产计划是具体生产什么、生产多少、何时开始生产、物料需求等。制订计划时需要注意的问题包括市场需求状况、企业目前产能、新产品研发进度、设备的投资分析等。

扩张产能有以下两种策略。

(1) 产能领先制胜策略。在第 1、2 年购置较多的生产设备，虽然前两年销售数量有限，导致库存较多的产品，致使权益不高，但在第 3 年生产需求放大时，强势出击，占有市场，抢得头筹。同时，在第 5、6 年折旧费用快速下降，利润激增，企业获利丰厚。

(2) 后发制人取胜策略。先采取防守策略，购置最少的生产设备，按需生产，极少库存，避免亏损，保障权益，积蓄力量，做好准备，一旦市场需求旺盛，快速反击，购置大量生产设备，迅速放大产能。在竞争对手毫无防备的情况下，攻城略地，取得先机。

3. 均衡生产能力

销售带来利润，产品是实现销售的前提，没有产品何来利润！生产主管要进行产品研发；制定产品及生产策略，制订生产计划；组织落实生产任务；合理配置生产资源，保证及时、合理地进行交货；主动研究降低成本，确保正常生产。

生产主管通过计划、组织、控制实现企业资源的最优化配置，为企业创造最大的经济效益。生产主管负责产品研发，进行正常生产，维护生产设备，必要时进行生产设备的变更，同时进行成品库的管理。

对于毛利低但需求量大的产品，可以采取薄利多销的策略；对于毛利高但需求量低的产品，可以控制一定产能，保障销售的同时又不能造成大量库存。但模拟经营中，一般是采取产品组合的方法，规避市场风险，要平衡不同产品的生产能力，使产品的产能组合做到最佳，获取最高的利益。

提高产能是企业发展壮大的必然选择，但产能要与市场需求相适应，既要避免产能过低，不能满足市场需求，致使企业不能获得更多的利润；又要避免产能过剩，市场需求一定，产品库存过多，必然导致费用过多，使当年利润减少。

二、生产预算与管理

购置生产线受到资金、安装时间、生产能力、能否转产、维修费用多少、折旧多少、折旧年限等因素的影响。生产主管需要根据企业当时的资金、产能需要、市场需求、需求的发展状况等统筹考虑，做出科学合理的选择和安排。

购置生产线需要厂房安置和大量现金，贷款就多。若贷款有限，则会使贴现增加，一旦形成循环贴现的局面，财务费用就会剧增，可能出现得不偿失的局面。

因此，一定要提前做好资金预算，同时协助财务多做计算，做后面较长时间的预算，由数据得到结论，科学判断新购置生产线的种类、数量等，合理安排时机进行相关工作。

不同产品的直接成本不同，企业的运营资金的需求也就不同；融资不同，引发的费用不同，最后的结果也就不同，预算中要加以关注。

生产管理是对企业生产系统的设计、运作、改进进行管理。企业要想做强，当然先要做大，而企业要发展壮大，具有可持续发展性，必然要不断地增加生产设备，提高产能，从而增加销售数量，降低费用率，提高利润率，得到好的收益。

三、产成品库存管理

订货会结束后，获取了一定数量的订单。生产总监要参与订单管理，熟悉订单要求，生产中及时满足订单要求，做好交货计划；加强成品库管理，明晰库存数量及产品种类。一旦有满足交货的产品及数量，要及时完成交货，然后明确账期，并及时回收货款。

订货会结束后，企业获取的订单也已经确定，要合理安排已有订单的交货时间。预算完成后，若想在同样订单之下，采取最佳途径，得到最高收益，则执行就成为企业完成业绩的关键。生产总监要严格执行生产设备购置计划，及时按预算要求组织生产，每一季度都要监控产成品库存，使订单按时或提前交货，防止遗漏。完成订单还要切合企业资金需求，使应收款收现及时。

任务 32　合理供给原料，进行供应管理

一、制订采购计划

原料是生产的保证，供给主管负责各种原料的及时采购并安全保管，确保在适当的时间采购到合适的原料，进行原料库存管理，保证企业生产的顺利进行。

供应主管要编制采购计划，进行适时采购；确保在合理的时间采购到合适的原料；进行原料管理；进行库存统计，及时消化库存等库存管理工作，保障企业生产的顺利进行。

手工线、柔性线能随时转产其他产品，要准备充足的原材料，使生产线转产时不受原料的限制。

二、原料库存管理

供应主管是对原材料采购、原料库存进行管理。在生产计划确立以后，供应主管即可开始工作。供应主管负责确定采购什么、何时采购、采购多少、如何及时消化短期库存等。供应主管要与生产主管密切配合，根据市场进度，按时、足量供应生产所需的原材料，保证不出现原料短缺，也不出现库存积压。

手工线、柔性线能随时转产其他产品，供应主管要准备充足的原材料，使生产线转产时不受原料的限制，相应的策略有"百变库存"策略。为了减少原材料对资金的占用，力争每一经营年度不出现原来库存，相应的策略有"零库存"策略。

模块五　企业经营分析

任务 33　企业经营分析，获取经营技术

一、企业经营分析简介

1. 企业经营分析概念

企业经营分析是指运用定量分析、业务分析和行为分析相结合的方法，对企业进行综合分析的一种现代经营分析体系。

企业经营分析主要有稳定性分析、流动性分析、生产性分析、收益性分析、适应性分析、成长性分析、综合性分析、盈亏平衡、投资决策分析等内容。

企业经营分析的具体分析方法都是从会计、统计、工业工程、应用数学和行为科学等学科中借用来的，包括定量分析、业务分析、行为分析3种方法。这3种方法的结合应用，实际上是把企业看成一个系统，沿着系统的层次由浅入深、由表及里地揭示出企业经营过程中存在的主要矛盾，以便有针对性地提出对策。

在经营分析中，通常用收益性、生产性、成长性、流动性和安全性 5 个特性概括企业的经营现状。其中的每一特性都用几个不同的指标描述，借以判断企业的经营状况。

2. 企业经营情况分析

首先，要为分析提供内部资料和外部资料。内部资料最主要的是企业财务会计报告，其是反映企业财务状况和经营成果的书面文件，包括会计主表(资产负债表、利润表、现金流量表)、附表、会计报表附注等；外部资料是从企业外部获得的资料，包括行业数据、其他竞争对手的数据等。

其次，要根据财务报告分析。按照分析的目的可分为财务效益分析、资产运营状况分析、偿债能力状况分析和发展能力分析；按照分析的对象可分为资产负债表分析、利润表分析、现金流量表分析。

企业经营分析有以下 6 个切入点：①企业筹资分析；②企业投资分析；③企业生产经营成果分析；④企业成本分析；⑤产品盈利分析；⑥财务分析。

3. 用数据说话

凡事用数据说话，用数据检验，是 ERP 沙盘的重要法则。如果计划只是凭想当然的决定，肯定难以服人。做出决定时如果不考虑千变万化的竞争环境，会让我们穷于应付、焦头烂额，甚至最后搓手顿足、后悔莫及；反之，充分考虑千变万化的竞争环境，胸有成竹再做决定，才有可能胜券在握。

事实上，ERP 沙盘模拟中遇到的问题都会有多个解决的办法，如何找到最佳途径，需要计算之后再比较确定，要证明决策的正确，就要拿出令人信服的数据。计划、策略乃至战略都要在把握内部条件与外部环境的基础上，经过严谨周密的计算，提供翔实可靠的数据加以论证，最终合理选择，科学决策。

对于经营成果的分析、策略计划的评价，都需要在定性分析的基础上，进行定量分析，然后用数据说话，再上升到定性认识。

二、企业销售分析

1. 市场占有率分析

市场占有率分析包括某年度市场占有率、某市场累计占有率和累计市场占有率分析。

(1) 某年度市场占有率是指某年度各公司在当年市场中的各种产品销售额占总销售额的比重，如图 3-1 所示。

(2) 某市场累计占有率是指经营若干年之后，对一个市场进行的占有率分析，如图 3-2 所示。该分析重点告诉经营者，企业在这个市场中做得比较好。

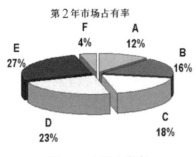 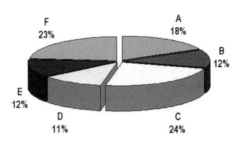

图 3-1 市场占有率　　　　　　　图 3-2 累计本地市场占有率

(3) 累计市场占有率是反映企业在所有市场中，历年经营状况的指标，如图 3-3 所示。每年可以从该指标看出一个企业在相同的时段内的经营业绩比较。

(4) 某产品、某年度的市场占有率，从产品的角度反映各公司的市场占有率，如图 3-4 所示，说明各公司对产品的销售能力。

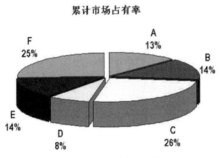 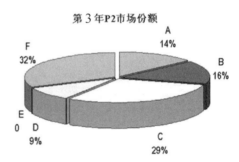

图 3-3 累计市场占有率　　　　　　图 3-4 产品的市场份额划分

2. 广告投入产出比分析

广告投入产出分析是评价广告投入收益率的指标，其计算公式为

$$广告投入产出比 = 订单销售总额 \div 广告投入$$

广告投入产出分析用来比较各企业在广告投入上的差异。根据市场和时间的不同，系统提供了两项统计指标：一是广告投入产出比，如图 3-5 所示；二是累积的广告投入产出比，如图 3-6 所示。

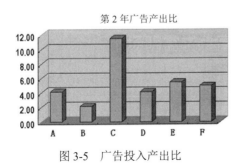 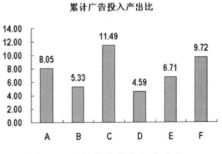

图 3-5 广告投入产出比　　　　　　图 3-6 累计的广告投入产出比

系统用两个指标反映各产品市场销售总量：一是产品数量；二是产品销售额。其中，交易的产品数量和金额可以公司为单位，分解到各年(如图 3-7 所示)或累计统计(如图 3-8 所示)。

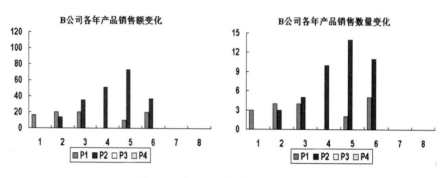

图 3-7　公司产品各年销售统计

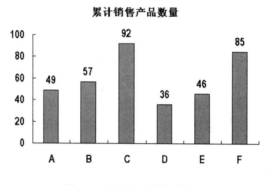

图 3-8　公司产品销售累计

三、成本分析

成本分析从以下两方面着手：一是通过计算各项费用占销售的比例揭示成本与收入的关系；二是通过成本变化趋势发现企业经营过程中的问题。企业成本由多项费用要素构成，了解各费用要素在总体成本中所占的比例，分析成本结构，从比例较高的费用支出项入手，分析发生的原因，提出控制费用的有效方法。费用比例的计算公式为

$$费用比例 = 费用 \div 销售收入$$

如果将各费用比例相加，再与 1 相比，则可以看出总费用占销售比例的多少，如果超过 1，则说明支出大于收入，企业亏损，并可以直观地看出亏损的程度。

费用比例分析包括经常性费用比例分析和全成本费用比例分析。

1) 经常性费用比例分析

经常性费用(如图 3-9 所示)包括直接成本、广告、经营费、管理费、折旧和利息，这些费用项目是经营过程中每个时期必不可少的费用支出项目。这里的经营费用是根据下式计算出来的。

经营费=设备维修费+场地租金+转产费+其他费用

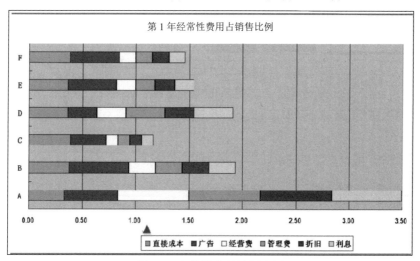

图 3-9 经常性费用比例分析

2) 全成本费用比例分析

在经常性费用分析页面单击右箭头图标,即可打开全成本费用比例分析页面(如图 3-10 所示)。全成本费用比例包括产品开发和软资产投入(市场开发、ISO 认证投入)等阶段性的成本支出。

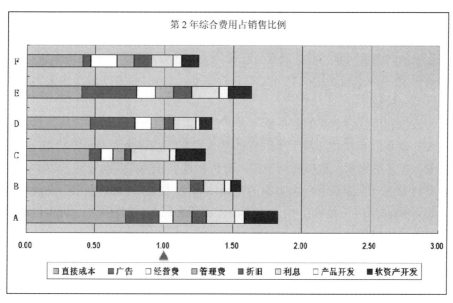

图 3-10 全成本费用比例分析

四、杜邦分析

在企业经营中,各项财务指标是有其内在联系的,而杜邦分析可将企业的各项指标有机联系起来,通过综合分析发现问题,如图 3-11 所示。

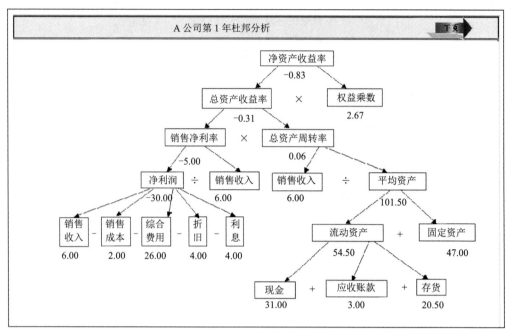

图 3-11 杜邦分析图

  财务管理是企业经营管理的核心之一，而如何实现股东财富最大化或公司价值最大化是财务管理的中心目标。任何一个公司的生存与发展都依赖于该公司能否创造价值，公司的每一个成员都负有实现企业价值最大化的责任。出于向投资者(股东)揭示经营成果和提高经营管理水平的需要，他们需要一套实用、有效的财务指标体系，以便据此评价和判断企业的经营绩效、经营风险、财务状况、获利能力和经营成果。杜邦财务分析体系(The Du Pont System)就是一种比较实用的财务比率分析体系，这种分析方法最早由美国杜邦公司使用，故名杜邦分析法。

  杜邦分析法利用几种主要的财务比率之间的关系来综合地分析企业的财务状况，以评价公司赢利能力和股东权益回报水平。它的基本思想是，将企业净资产收益率(ROE)逐级分解为多项财务比率乘积，这样有助于深入分析比较企业经营业绩。

  杜邦分析法涉及企业获利能力方面的指标(净资产收益率、销售利润率)，也涉及营运能力方面的指标(总资产周转率)，同时还涉及偿债能力指标(权益乘数)，可以说杜邦分析法是一个三足鼎立的财务分析方法。

五、财务分析

  财务分析从收益力、成长力、安定力、活动力 4 个方面提供了对各企业的分析数据。财务分析界面，如图 3-12 所示。

指标类	指标	第2年					
		A	B	C	D	E	F
收益力	毛利率	53.85%	61.90%	57.14%	55.56%	60.00%	60.00%
	利润率	-26.92%	-66.67%	-35.71%	-72.22%	-160.00%	-190.00%
	总资产收益率	-4.55%	-11.88%	-6.78%	-11.34%	-21.15%	-17.86%
	净资产收益率	-10.00%	-29.27%	-21.05%	-29.73%	-91.67%	-62.50%
成长力	收入成长率	-18.75%	-12.50%	460.00%	12.50%	36.36%	-33.33%
	利润成长率	-16.67%	-75.00%	33.33%		-60.00%	5.00%
	净资产成长率	-12.28%	-25.45%	-20.83%	-26.00%	-50.00%	-44.19%
安定力	流动比率	2.00	2.00	1.35	2.00	2.00	2.40
	速动比率	2.00	2.00	1.15	2.00	2.00	0.70
	固定资产长期适配率	0.33	0.42	0.82	0.54	0.34	0.56
	资产负债率	0.55	0.59	0.68	0.62	0.77	0.71
活动力	应收账款周转率		2.63			1.43	
	存货周转率	0.77	0.41	0.92	0.35	0.30	0.14
	固定资产周转率	0.18	0.12	0.14	0.10	0.10	0.07
	总资产周转率	0.25	0.21	0.27	0.19	0.16	0.12

图 3-12 财务分析界面

任务 34 经营实际分析，探索发展关键

一、企业经营本质

1. 企业本质

模拟企业经营活动中，完成"资本→资产→收入→利润→股东权益的增加"周转循环，在循环中争取最多的利润，增加所有者权益。模拟企业经营的目的是股东权益的最大化，是模拟企业经营胜负的重要判据，是团队的奋斗目标，是一切模拟经营活动的行动指南。

2. 经营活动的关键问题

在 ERP 沙盘模拟中，制造型企业在一个会计年度的主要经营过程是：年度订货→采购原料→组织生产→产品交付客户→收回货款→财务报告。在一年的经营活动流程中，有以下几个关键的问题。

1) 产能确定

前面学习了产能的计算，新购置生产线的多少、类型、时间都会影响实际产能的数量，由产能得到的可供销售的产品数量是一个区间数值。由于规则中允许生产线随意转产，所以产能中 P1、P2 产品的产量也是变化的区间数值。产能的计算是营销主管选取订单的基础，可供销售的产品数量是营销主管在选取订单时要牢记的。经营的前两年市场需求量不大，产能需要适度控制。

2) 销售实现

企业的利润来源于产品销售，营销主管理应深入研究销售相关规则，寻求营销技术，

破解销售技巧。

销售产品要靠市场,所以市场是企业竞争的"主战场",营销主管是企业冲锋陷阵的"主将",是企业中最具挑战性的岗位。企业要在市场上取得胜利,营销主管必须学会分析,弄懂市场,立足市场做销售,放眼全局定策略,措施有见解,方法有依据。

"知己知彼,百战不殆",营销主管要深入剖析所在企业的特点、特色,深刻认知分析全部企业情况,清楚本企业地位、优势、不足,从而针对性地研究解决途径与方法;及时捕捉其他企业销售人员的特点、行为(广告)习惯,寻找机会,发现时机,立于不败之境地。

3) 进行产品生产和采购原材料

销售的前提是有可以销售的产成品,成品是生产加工的结果,原材料是生产加工的保证。

4) 资金管理

现金是企业经营活动的"血液",企业的所有业务几乎都涉及资金的流入流出。在4~7年的经营过程中发现:有的企业虽然还有不少的现金,但却破产了;有的企业有大量的应收款,却现金断流了,导致企业破产;有的企业把能贷的款项全部贷出,虽然生产和销售了较多的产品,但最终的权益却不高,团队成绩也不理想。因此,经营者要想获得成功,就必须破解难题——现金与权益之间的矛盾。

二、盈利的实现

企业可通过以下几个方面实现盈利。

1. 提高利润

前面已经明确,增加利润要开源节流,开源即增加销售收入,节流即减少费用、成本支出。

销售收入由销售数量和产品单价两个因素影响。在订货会选单环节中,销售数量和产品单价是一对矛盾体:多数订单为需求数量多的,一般单价会低一些,而需求数量少的订单,单价一般会高一些。净利润的公式为

$$净利润 = 销售收入 - 直接成本 - 折旧 - 综合费用 - 财务费用 - 所得税$$

其中,财务费用和综合费用中的广告费用是企业可以控制的,适度减少广告开支和严格控制贷款减少财务支出,是控制和减少成本费用的有效途径,也是提高利润的有效途径。

2. 增加销售收入

增加销售收入的途径有两个:一是增加销售量,企业要适度发展,但高于市场平均需求是获取竞争胜利的必要条件;二是提高销售价格,即提高销售产品的毛利水平,其实质在于提升毛利总额。

3. 减少费用成本

销售收入与综合费用形成相互制约的一对矛盾体。在产能一定的情况下,要使销售收入高,意味着投放广告多,综合费用高;反之,减少综合费用,广告投放少,必然致使销

售收入减少。如何解决这一矛盾，寻找最佳结合点，经营管理者需要在经营实践中积极思考，不断总结经验，探索解决矛盾的良方。同时，销售收入与运营费用(维修费、折旧等)也是一对矛盾体，同样需要认真研究和探索。

要准确进行盈利分析，需采用成本分析、财务分析、杜邦分析等定量分析方法，分析、认识问题的根源，寻求解决问题的途径。在用友 ERP 沙盘后台中有充分、科学的定量分析内容，利用教师后台即可查看分析内容及结果，学生可以在实训过程中加以学习、实践应用。

三、战略规划与实施

企业战略管理的实践表明，战略制定固然重要，战略实施同样重要。一个良好的战略仅是战略成功的前提，有效的企业战略实施才是企业战略目标顺利实现的保证。另外，如果企业没有能完善地制定出合适的战略，但是在战略实施中，能够克服原有战略的不足之处，那也有可能最终导致战略的完善与成功。当然，如果选择一个不完善的战略，在实施中又不能将其扭转到正确的轨道上，就只有失败的结果。

1. 经营方向

企业经营方向主要体现在产品策略、生产策略上，首先产品策略要根据市场预测、竞争环境的分析，确定产品研发与生产的产品；其次生产策略要有合理的产能计划，产能的扩张要以企业资金预算为基础，以市场需求为依据，以企业发展为主线，以适度发展为原则。急速扩张，致使企业面临极大的不确定性，没有节制的扩张，意味着失控就在眼前，对于企业也许就是一场灾难。

2. 经营策略

企业经营策略中产品策略要周密思考，合理安排产品的研发种类、研发时间、生产上市的时机、每一年度主打产品等。

企业经营策略中生产策略要注意控制发展的速度，采取适度发展的策略。适度发展就是企业生产发展速度与企业财务状况相适应，均衡发展，使之相互促进。竞争的胜负不仅取决于企业目前的权益，还取决于企业的发展潜力。不能只看到眼前利益，要从整个 4～6 年的经营过程来制定企业的发展战略。

将产品策略与生产策略有机融合，才能完成更好的经营。选择主打低毛利的产品策略时，要配套扩大产能的生产策略，虽然选择和生产低毛利的产品，但以远超出其他企业的产品销售数量来获取多的利润。相反，如果选择主打高毛利的产品策略时，要配套适中的生产策略，虽然生产、销售的产品数量有限，但获取的利润足够丰厚。

结合市场、竞争环境、竞争对手等情况，每一年有主打产品，有利于企业运营的顺利开展。同时，如果每年的主打产品产能发生变化，其他企业就不能洞察本企业的经营策略，不能针对本企业制定策略方法，本企业就有了制胜的机会。

3. 审时度势，适度调整

"站得高，才能看得远"。站在企业总体发展战略的高度，指导年度规划与职能策略的制定，引导具体业务计划的选择，离不开对主客观条件的具体分析。战略规划必须建立在企业内部条件认识和外部环境分析的基础上，才可能具有科学性、可行性。

新的一年开始时，企业管理团队要根据竞争环境的变化，及时调控企业战略、职能策略与业务计划。针对竞争环境和自身条件的变化做出调整，形成更适应当时情况的年度规划，能使企业更加合理地发展。

年度经营操作之前，团队的每一位成员都应对上述内容达成共识，每一年经营结束，都要进行总结、评价和反思，分析偏差及原因，对企业的发展战略进行必要的修正。

4. 制定新年度规划会议

"一年之计在于春"，新年度规划会议是一个企业的战略规划会，是企业的全面预算会，是决定经营策略的决策会，是一年计划的制订会，主要模拟企业经营中企业战略规划在每一年度的具体体现和实施计划。首先，分析市场需求和竞争环境，熟知本企业战略规划。其次，各个部门制定本岗位策略，以及制订业务计划。最后，找出经营重点问题，确定解决方法。

开好新年度规划会议要掌握对手情况，知己知彼；计算出具体数据，检验各项措施的最佳效果；集思广益，探究问题的实质；做好预算，确保成功；注重细节，做到万无一失。换位思考是规划会议的重要技巧，希望学生能尽快掌握。

总之，新年度规划会议关系到企业的兴旺发达和生死存亡，当然要开好它。

四、销售的实现

1. 广告投放

没有销售就没有利润，广告是实现销售的途径之一。广告投放是模拟企业经营活动比赛的核心内容和关键问题，是模拟经营企业成功的重要所在。高水平的营销总监要科学合理地处理如下问题。

1) 科学分析市场

模拟经营开始时，会拿到市场预测，可以清楚地看到，各个年度不同产品在细分市场中的需求数量、均价及变化，从中可以推测某一年份毛利及毛利率高的优势产品，指导制定企业战略和规划。

2) 需求与产能

通过对市场总需求与全部模拟企业的产能进行比较，可以分析出供求关系是供大于求或是供不应求，得出市场竞争激烈程度的准确判断，从而制定出广告策略。如果企业的产能比市场平均需求大，则要多投放广告费，多争取市场份额；反之，就要少投放广告。

3) 市场细分与市场定位

市场分析与市场定位是分析各个选单回合的订单数量、价格、需求数量等，合理进行广告费用的分配，确保在重点市场取得领先地位。另外，在订单数量较多的情况下，也可以在个别回合只投放少量广告,"捡拾"订单。

4) 利用规则

利用选单规则,以市场本产品广告额投放大小顺序依次选单:如果两队本市场本产品广告额相同,则看本市场广告投放总额;如果本市场广告总额也相同,则看上年市场销售排名;如仍无法决定,则先投广告者先选单。另外,可以利用同一市场不同产品的广告费相互提高选单的名次,前一年销售额高也可以提高选单的名次。适当的优化,既可以节约广告费用,又能达到销售目标。

5) "悟"得真经,占有先机

"世界上最成功的人一定是悟性最高的人"。不同的模拟企业经营题目有不同的营销策略,产生了不同的广告投放方法。人有难以改变的思维模式和行为方式,营销人员也有解决问题的习惯,广告投放会有各自的特色、特征,营销总监要不断学习各种营销策略及广告投放方法,比较评价、总结类比、取长补短、不断探究,尽快"悟"出广告投放的"门道",用相对少的广告,取得订货会选区订单的有利地位,完成销售任务,创造最佳业绩。领先一步,虚拟企业就会因你的成功而立于不败之地,取得辉煌成就。

6) 换位思考,走向成熟

营销总监要知己知彼,及时捕捉信息,寻找、发现时机,把握机会,科学合理地解决问题。在广告投放中,换位思考是沙盘模拟企业经营模拟中的重要方法和常用技巧,有着非同寻常的作用。

换位思考法可以推断明晰其他企业的广告策略与方法,明确整体广告的全面分布。如果我们的方法科学、正确,则各个企业也会采取该思路和途径解决广告投放问题,那么我们对其他企业的广告推断就是准确的,明确了各个企业的广告策略和方法,并在广告投放前对其他企业的广告投放情况了如指掌,即可针对性地采取合理对策,胜利就会易如反掌。

2. 参加订货会选取订单/登记订单

沙盘模拟中的订货会是竞争的主战场,订单的选取就是博弈拼杀。投放广告时,营销主管已经预计在某个市场出售某种产品的数量,广告投放策略计划就是据此确定的。订货会中选取订单需要注意以下问题。

(1) 所有企业广告投放完成后,会得到选单的顺序排名,此时要及时与原来的设想比较,及时调整,保证实现销售的最大化。

(2) 对各个回合销售产品数量要有合理的预期。在瞬息万变的市场环境中,细致观察,快速反应,准确判断,做出最佳选择。

(3) 在产能一定的情况下,争取利润最大化。后两年市场需求增加有限,而各企业的产能较大,应选择毛利高的订单为主,以多卖产品为目标选取订单。

(4) 订货会需要营销主管的临场发挥,灵活应对,选取适宜企业的订单。大需求量的订单一般单价会比较低,利润率就不高;单价高的订单往往需求量小。选取大单,毛利率低;选取小单,又怕卖不完产品,造成积压库存。面对两难问题,要想在几十秒钟的时间内快速反应、正确应对、准确选单,就需要营销主管在选单场外下大气力,善于观察、勤于思考,"悟"出个人的高明之"道"。

五、做好财务管理

财务主管主要负责企业的资金管理,做好预算,用好现金,控制成本。会计主管主要负责现金收支管理,核查经营状况,核算经营成果,进行预算及成本分析。财务部门是企业的"心脏",现金是企业的"血液"。企业进出的每一笔资金都要经过财务部门,通常将财务与会计两个职位设置为一个岗位,所以财务主管是任务最复杂、工作最繁忙的岗位。

财务主管的主要工作有现金收入和支出、融资的选择与管理、固定资产的投资管理、厂房与生产线的购买、资金预算与计划执行、会计核算等。而会计核算要负责现金收支登记、综合费用明细、产品核算统计、税金计算与缴纳、报表填报等。财务主管主要制定财务预算,制订融资计划、资金使用计划,还要与营销主管、生产主管、供应主管认真沟通,制订资金需求计划。

财务管理既要保证企业战略实施中所需要的资金供给保障;同时又不出现现金过多,支付利息多,造成资金闲置与浪费。财务主管要有一个准确详尽的预测,在第1年开始前要根据企业战略规划,对未来几年企业经营所需现金流进行推演,精密安排,细致推敲,确保预算万无一失。

需要说明的是,无论企业战略、年度规划,还是岗位职能策略和业务计划,都需要用数据说话。凡事用数据说话、用事实检验,是ERP沙盘的重要法则。计划、策略乃至战略都要在把握内部条件、外部环境的基础上,经过严谨周密的计算,提供翔实可靠的数据加以论证,科学决策,最终合理选择。

下篇

任务篇

实训任务书 1

认知企业，认识 ERP 沙盘

班　级		姓　名	
所在企业		岗位职务	
企业口号			

企业	
ERP	
模拟企业经营实训活动的特点	
ERP 沙盘模拟中的企业资源	
模拟企业经营的过程	

时间：_____年_____月_____日

实训任务书 2

认识模拟企业经营活动

班　级		姓　名	
所在企业		岗位职务	

通过实训你想获得的提高、提升	
每年度模拟企业经营活动过程内容	
你如何参与实训活动	
你有哪些能力特征？如何在实训中发挥你的才能	

时间：_____年_____月_____日

实训任务书 3

认知企业结构，组建经营团队

班　级		姓　名	
企业名称		企业职务	

你的企业有哪些部门	
你的岗位	
你如何为所在企业做出贡献	
你将怎样与团队成员交流、合作	

时间：_____年_____月_____日

实训任务书 4

创立虚拟企业，明确岗位分工

班　级		姓　名	
企业名称		企业职务	

模拟企业 初始密码	
你的岗位 职责	
你岗位的 工作任务	
你如何为 所在企业 做出贡献	

时间：_____年_____月_____日

实训任务书 5

学习运营规则，了解创新发展

班　　级		姓　　名	
企业名称		企业职务	

你掌握了哪些规则	
你岗位需要的规则	
什么情况下企业会破产	
如何规避企业破产	

时间：_____年_____月_____日

实训任务书 6

	明确岗位职责，掌握业务规则		
班　级		姓　名	
企业名称		企业职务	

你的岗位	
你的岗位主要应用哪些规则	
解析你岗位的重要规则	
你完成岗位任务需要与哪些部门有效合作	

时间：_____年_____月_____日

实训任务书 7

认识订单要素，储备丰富知识

班　级		姓　名	
企业名称		企业职务	
详细订单的结构			
贵公司对订单的各项内容如何解读			
详细订单对企业经营的影响及应对			

时间：＿＿＿＿年＿＿＿＿月＿＿＿＿日

实训任务书 8

认知市场环境，把握竞争环境

班　级		姓　名	
企业名称		企业职务	

市场预测的内容	
市场预测中得到的信息	
贵公司是如何解读、利用市场预测的	

时间：_____年_____月_____日

实训任务书 9

学习战略规划,制订年度计划

班　级		姓　名	
企业名称		企业职务	
企业目标			
企业的发展战略			
企业经营目标			
竞争环境分析			
本年度计划的内容			

时间:_____年_____月_____日

实训任务书 10

完成第 1 年年度经营操作

班　　级		姓　　名	
企业名称		企业职务	

你的岗位 年度计划	
你的岗位的 项目任务策略	
你岗位涉及的 资金预算	
完成本年经营， 并填写相应的表 (见表 1-5)	

时间：_____ 年 _____ 月 _____ 日

表1 第1年企业经营记录表

企业(组别)_____ 岗位_____ 姓名_____ 时间_____

顺序		手工操作流程	系统操作	手工记录			
年初		新年度规划会议					
		广告投放	输入广告费,确认				
		参加订货会选订单/登记订单	选取订单。选择并确认				
		支付应付税(25%)	系统自动				
		支付长贷利息	系统自动				
		更新长贷/长贷还款	系统自动				
		申请长期贷款	输入贷款数额并确认				
				第1季度	第2季度	第3季度	第4季度
1		季初盘点(请填余额)	系统自动				
2		更新短期贷款/短贷还本付息	系统自动				
3		申请短期贷款	输入贷款数额并确认				
4		原材料入库/更新原料订单	需要确认金额				
5		下原料订单	输入并确认				
6		购买/租用厂房	选择并确认				
7		更新生产/完工入库	完工下线、入库。系统自动				
8		新建/在建/转产/变卖生产线	选择并确认				
9		紧急采购(随时进行)	随时进行输入并确认				
10		开始下一批生产	选择并确认				
11		更新应收款/应收款收现	需要输入到期金额				
12		按订单交货	选择交货订单并确认				
13		产品研发投资	选择并确认				
14		厂房出售/退租/租转买	选择并确认(随时进行)				
15		新市场开拓/ISO资格认证	仅第4季允许操作				
16		支付管理费/更新房租	系统自动				
17		出售库存	输入并确认(随时进行)				
18		厂房贴现	输入并确认(随时进行)				
19		应收款贴现	输入并确认(随时进行)				
20		季末收入合计					
21		季末支出合计					
22		季末数额对账(1)+(20)−(21)					
年末		缴纳违约订单罚款(25%)	系统自动				
		支付设备维护费	系统自动				
		计提折旧	系统自动				( )
		年终结账					

表2　第1年产品核算统计表

项目	P1	P2	P3	P4	合计
数量					
销售额					
成本					
毛利					

表3　第1年综合管理费用明细表

项目	金额
管理费	
广告费	
设备维护费	
损失	
转产费	
厂房租金	
新市场开拓	
ISO资格认证	
产品研发	
信息费	
合计	

表4　第1年利润表

项目	本年数
销售收入	
直接成本	
毛利	
综合费用	
折旧前利润	
折旧	
支付利息前利润	
财务收入/支出	
税前利润	
所得税	
净利润	

表5　第1年资产负债表

资产	期初数	期末数	负债和所有者权益	期初数	期末数
流动资产：			负债：		
现金			银行长期贷款		
应收账款			银行短期贷款		
在制品			应纳税金		
成品					
原料					
流动资产合计			负债合计		
固定资产：			所有者权益：		
土地与建筑			股东资本		
机器与设备			利润留存		
在建工程			年度净利		
固定资产合计			所有者权益合计		
资产总计			负债和所有者权益总计		

实训任务书 11

学习资金会预算，合理融资增收益

班　级		姓　名	
企业名称		企业职务	

预算的主要目的	
科学进行预算	
你岗位任务的资金预算	
贵企业如何安排融资	

时间：_____年_____月_____日

实训任务书 12

	研读询盘资料，明晰竞争环境		
班　　级		姓　　名	
企业名称		企业职务	
竞争对手资料汇总			
企业面临的竞争环境及利用			
竞争对手、未来发展趋势分析			

时间：_____年_____月_____日

实训任务书 13

完成第 2 年年度经营操作

班　　级		姓　　名	
企业名称		企业职务	

你的岗位年度计划	
你的岗位任务策略及执行情况	
你的岗位资金预算及执行情况	
完成本年经营，并填写相应的表	

时间：_____年_____月_____日

表6 第2年企业经营记录表

企业(组别)_____ 岗位_____ 姓名_____ 时间_____

顺序	手工操作流程	系统操作	手工记录			
年初	新年度规划会议					
	广告投放	输入广告费，确认				
	参加订货会选订单/登记订单	选取订单。选择并确认				
	支付应付税(25%)	系统自动				
	支付长贷利息	系统自动				
	更新长贷/长贷还款	系统自动				
	申请长期贷款	输入贷款数额并确认				
			第1季度	第2季度	第3季度	第4季度
1	季初盘点(请填余额)	系统自动				
2	更新短期贷款/短贷还本付息	系统自动				
3	申请短期贷款	输入贷款数额并确认				
4	原材料入库/更新原料订单	需要确认金额				
5	下原料订单	输入并确认				
6	购买/租用厂房	选择并确认				
7	更新生产/完工入库	完工下线、入库。系统自动				
8	新建/在建/转产/变卖生产线	选择并确认				
9	紧急采购(随时进行)	随时进行输入并确认				
10	开始下一批生产	选择并确认				
11	更新应收款/应收款收现	需要输入到期金额				
12	按订单交货	选择交货订单并确认				
13	产品研发投资	选择并确认				
14	厂房出售/退租/租转买	选择并确认(随时进行)				
15	新市场开拓/ISO 资格认证	仅第4季允许操作				
16	支付管理费/更新房租	系统自动				
17	出售库存	输入并确认(随时进行)				
18	厂房贴现	输入并确认(随时进行)				
19	应收款贴现	输入并确认(随时进行)				
20	季末收入合计					
21	季末支出合计					
22	季末数额对账(1)+(20)-(21)					
年末	缴纳违约订单罚款(25%)	系统自动				
	支付设备维护费	系统自动				
	计提折旧	系统自动				( )
	年终结账					

表 7　第 2 年产品核算统计表

项目	P1	P2	P3	P4	合计
数量					
销售额					
成本					
毛利					

表 8　第 2 年综合管理费用明细表

项目	金额
管理费	
广告费	
设备维护费	
损失	
转产费	
厂房租金	
新市场开拓	
ISO 资格认证	
产品研发	
信息费	
合计	

表 9　第 2 年利润表

项目	本年数
销售收入	
直接成本	
毛利	
综合费用	
折旧前利润	
折旧	
支付利息前利润	
财务收入/支出	
税前利润	
所得税	
净利润	

表 10　第 2 年资产负债表

资产	期初数	期末数	负债和所有者权益	期初数	期末数
流动资产:			负债:		
现金			银行长期贷款		
应收账款			银行短期贷款		
在制品			应纳税金		
成品					
原料					
流动资产合计			负债合计		
固定资产:			所有者权益:		
土地与建筑			股东资本		
机器与设备			利润留存		
在建工程			年度净利		
固定资产合计			所有者权益合计		
资产总计			负债和所有者权益总计		

实训任务书 14

制定营销规划，学习销售技术

班　级		姓　名	
企业名称		企业职务	

市场分析	
竞争对手分析	
销售策略制定	
贵企业本年度的广告	

时间：_____年_____月_____日

实训任务书 15

	查看广告定策略，科学合理选订单		
班　级		姓　名	
企业名称		企业职务	
查看及利用广告			
市场细分及广告应对			
选取订单的计划			
订单选取情况记录			

时间：_____年_____月_____日

实训任务书 16

		完成第 3 年年度经营操作		
班 级		姓 名		
企业名称		企业职务		
你的岗位年度计划				
你的岗位项目任务策略及执行情况				
你的岗位资金预算及执行情况				
完成本年经营,并填写相应的表				

时间:_____年_____月_____日

表11 第3年企业经营记录表

企业(组别)_____ 岗位_____ 姓名_____ 时间_____

顺序		手工操作流程	系统操作	手工记录			
年初		新年度规划会议					
		广告投放	输入广告费，确认				
		参加订货会选订单/登记订单	选取订单。选择并确认				
		支付应付税(25%)	系统自动				
		支付长贷利息	系统自动				
		更新长贷/长贷还款	系统自动				
		申请长期贷款	输入贷款数额并确认				
				第1季度	第2季度	第3季度	第4季度
	1	季初盘点(请填余额)	系统自动				
	2	更新短期贷款/短贷还本付息	系统自动				
	3	申请短期贷款	输入贷款数额并确认				
	4	原材料入库/更新原料订单	需要确认金额				
	5	下原料订单	输入并确认				
	6	购买/租用厂房	选择并确认				
	7	更新生产/完工入库	完工下线、入库。系统自动				
	8	新建/在建/转产/变卖生产线	选择并确认				
	9	紧急采购(随时进行)	随时进行输入并确认				
	10	开始下一批生产	选择并确认				
	11	更新应收款/应收款收现	需要输入到期金额				
	12	按订单交货	选择交货订单并确认				
	13	产品研发投资	选择并确认				
	14	厂房出售/退租/租转买	选择并确认(随时进行)				
	15	新市场开拓/ISO资格认证	仅第4季允许操作				
	16	支付管理费/更新房租	系统自动				
	17	出售库存	输入并确认(随时进行)				
	18	厂房贴现	输入并确认(随时进行)				
	19	应收款贴现	输入并确认(随时进行)				
	20	季末收入合计					
	21	季末支出合计					
	22	季末数额对账(1)+(20)-(21)					
年末		缴纳违约订单罚款(25%)	系统自动				
		支付设备维护费	系统自动				
		计提折旧	系统自动				( )
		年终结账					

表12　第3年产品核算统计表

项目	P1	P2	P3	P4	合计
数量					
销售额					
成本					
毛利					

表13　第3年综合管理费用明细表

项目	金额
管理费	
广告费	
设备维护费	
损失	
转产费	
厂房租金	
新市场开拓	
ISO资格认证	
产品研发	
信息费	
合计	

表14　第3年利润表

项目	本年数
销售收入	
直接成本	
毛利	
综合费用	
折旧前利润	
折旧	
支付利息前利润	
财务收入/支出	
税前利润	
所得税	
净利润	

表15　第3年资产负债表

资产	期初数	期末数	负债和所有者权益	期初数	期末数
流动资产：			负债：		
现金			银行长期贷款		
应收账款			银行短期贷款		
在制品			应纳税金		
成品					
原料					
流动资产合计			负债合计		
固定资产：			所有者权益：		
土地与建筑			股东资本		
机器与设备			利润留存		
在建工程			年度净利		
固定资产合计			所有者权益合计		
资产总计			负债和所有者权益总计		

实训任务书 17

完善生产管理，保障合理供给

班　级		姓　名	
企业名称		企业职务	

设备规则与计划	
设备与产能分析	
生产管理	
科学供给原料	
成品库存管理	
原料库存管理	

时间：_____年_____月_____日

实训任务书 18

完成决算出报表，明晰途径增利润				
班　级		姓　名		
企业名称		企业职务		
财务报表					
报表的编制					
你岗位的资金情况					

时间：_____年_____月_____日

实训任务书 19

完成第 4 年年度经营操作

班　级		姓　名	
企业名称		企业职务	

你的岗位年度计划	
你的岗位项目任务策略及执行情况	
你的岗位资金预算及执行情况	
完成本年经营，并填写相应的表	

时间：_____年_____月_____日

表16　第4年企业经营记录表

企业(组别)_____　岗位_____　姓名_____　时间_____

顺序	手工操作流程	系统操作	手工记录			
年初	新年度规划会议					
	广告投放	输入广告费,确认				
	参加订货会选订单/登记订单	选取订单。选择并确认				
	支付应付税(25%)	系统自动				
	支付长贷利息	系统自动				
	更新长贷/长贷还款	系统自动				
	申请长期贷款	输入贷款数额并确认				
			第1季度	第2季度	第3季度	第4季度
1	季初盘点(请填余额)	系统自动				
2	更新短期贷款/短贷还本付息	系统自动				
3	申请短期贷款	输入贷款数额并确认				
4	原材料入库/更新原料订单	需要确认金额				
5	下原料订单	输入并确认				
6	购买/租用厂房	选择并确认				
7	更新生产/完工入库	完工下线、入库。系统自动				
8	新建/在建/转产/变卖生产线	选择并确认				
9	紧急采购(随时进行)	随时进行输入并确认				
10	开始下一批生产	选择并确认				
11	更新应收款/应收款收现	需要输入到期金额				
12	按订单交货	选择交货订单并确认				
13	产品研发投资	选择并确认				
14	厂房出售/退租/租转买	选择并确认(随时进行)				
15	新市场开拓/ISO资格认证	仅第4季允许操作				
16	支付管理费/更新房租	系统自动				
17	出售库存	输入并确认(随时进行)				
18	厂房贴现	输入并确认(随时进行)				
19	应收款贴现	输入并确认(随时进行)				
20	季末收入合计					
21	季末支出合计					
22	季末数额对账(1)+(20)-(21)					
年末	缴纳违约订单罚款(25%)	系统自动				
	支付设备维护费	系统自动				
	计提折旧	系统自动				( )
	年终结账					

表17　第4年产品核算统计表

项目	P1	P2	P3	P4	合计
数量					
销售额					
成本					
毛利					

表18　第4年综合管理费用明细表

项目	金额
管理费	
广告费	
设备维护费	
损失	
转产费	
厂房租金	
新市场开拓	
ISO资格认证	
产品研发	
信息费	
合计	

表19　第4年利润表

项目	本年数
销售收入	
直接成本	
毛利	
综合费用	
折旧前利润	
折旧	
支付利息前利润	
财务收入/支出	
税前利润	
所得税	
净利润	

表20　第4年资产负债表

资产	期初数	期末数	负债和所有者权益	期初数	期末数
流动资产：			负债：		
现金			银行长期贷款		
应收账款			银行短期贷款		
在制品			应纳税金		
成品					
原料					
流动资产合计			负债合计		
固定资产：			所有者权益：		
土地与建筑			股东资本		
机器与设备			利润留存		
在建工程			年度净利		
固定资产合计			所有者权益合计		
资产总计			负债和所有者权益总计		

实训任务书 20

沟通合作创佳绩，内部激励谁争锋

班　级		姓　名	
企业名称		企业职务	

团队如何有效合作	
本轮次经营的成功	
本轮次经营的不足	
下一轮如何争先	

时间：＿＿＿＿年＿＿＿＿月＿＿＿＿日

实训任务书 21

制定发展战略，确定经营指标

班　级		姓　名	
企业名称		企业职务	
企业口号			

企业的发展战略	
企业经营指标	
竞争格局分析	

时间：_____年_____月_____日

实训任务书 22

计划落实有策略,调整措施保战略

班　级		姓　名	
企业名称		企业职务	

你的岗位规划	
你的岗位有哪些项目任务	
你的岗位的项目任务策略	
你的岗位涉及的资金预算	

时间:_____年_____月_____日

实训任务书 23

团队合作，其利断金

班　级		姓　名	
企业名称		企业职务	

促进团队合作	
业绩考评管理，进行团队考核	
管理团队协同，管理授权与总结	

时间：＿＿＿＿年＿＿＿＿月＿＿＿＿日

实训任务书 24

精于预算保收益，胆大心细防风险

班　　级		姓　　名	
企业名称		企业职务	
资金预算			
你负责的各项业务预算			
企业融资策略			
财务分析与风险管理、协助决策			

时间：_____年_____月_____日

实训任务书 25

精打细算管现金，账目清晰报表准

班　级		姓　名	
企业名称		企业职务	

利润与费用	
可以控制的费用	
如何控制费用	
增加利润的途径	

时间：_____年_____月_____日

实训任务书 26

费用控制成本减，增加利润权益高

班　级		姓　名	
企业名称		企业职务	
日常现金管理			
提供财务报表			
计算企业纳税额			

时间：＿＿＿年＿＿＿月＿＿＿日

实训任务书 27

分析市场明需求，高超营销得胜绩

班　级		姓　名	
企业名称		企业职务	

制订销售计划	
竞争环境及调查资料分析	
销售策略	

时间：_____年_____月_____日

实训任务书 28

攻克难点，巧妙投放广告

班　级		姓　名	
企业名称		企业职务	
制订销售计划			
详单分析			
广告宣传策略			
广告投放情况			

时间：_____年_____月_____日

实训任务书 29

精细快速反应，选取适宜订单

班　级		姓　名	
企业名称		企业职务	

科学选取订单	
完成发货收款	
销售绩效分析	

时间：_____年_____月_____日

实训任务书 30

掌握产品知识，开展产品管理

班　级		姓　名	
企业名称		企业职务	
研究产品前景与发展趋势			
产品研发管理			
产品质量保证，管理体系认证			

时间：_____年_____月_____日

实训任务书 31

	编制生产计划，科学成品管理			
班 级		姓 名		
企业名称		企业职务		
编制生产计划				
平衡生产能力				
科学成品管理				

时间：_____年_____月_____日

实训任务书 32

	合理供给原料,进行供应管理		
班　级		姓　名	
企业名称		企业职务	
合理供给原料			
进行供应管理			
开展库存管理			

时间：_____年_____月_____日

实训任务书 33

企业经营分析，获取经营技术

班　　级		姓　　名	
企业名称		企业职务	

企业经营分析	
企业经营分析的内容	
企业销售分析情况	
企业成本分析情况	

时间：＿＿＿＿年＿＿＿＿月＿＿＿＿日

实训任务书 34

经营实际分析，探索发展关键				
班　级		姓　名		
企业名称		企业职务		
企业利润来源分析					
如何提高利润水平					
贵企业经营中的技术优势					
企业经营中有待提高的地方					

时间：_____年_____月_____日

实训任务书 35

首轮自主模拟经营

完成虚拟企业经营全过程的模拟操作的学习,实训活动才开始进入活跃期,开展一轮自主经营活动,亲身实践,验证梦想,体现能力,展开竞争,一较高下。学生完成本轮次企业的经营活动,并认真填写本轮任务所涉及的表。

一、创立企业

组建团队,成员分工,沟通协调,完成企业创立;研究制定企业发展战略,岗位规划。企业创建表如表 21 所示。

表 21 企业创建表

企业名称		组 别	
任职岗位		经营时间	
人员分工			
总 经 理		营销总监	
财务总监		营运总监	
会计总监		销售总监	
企业理念			
企业目标			
企业战略			

登录电子沙盘系统,录入相关信息,完成企业创立。

二、第 1 年年度经营活动

企业经营团队召开新年度规划会议,制定本年度企业规划,制订各个职位具体的项目策略计划等,并填写在表 22~表 29 所示的表格中。

表22 第1年年度计划书

年度计划	
岗位规划	
业务策略	
计划落实措施	
计划落实记录	

表23 第 1 年企业经营预算表

企业(组别)_____   岗位_____   姓名_____   时间_____

顺序		手工操作流程	系统操作	手工记录		
年初		新年度规划会议				
		广告投放	输入广告费,确认			
		参加订货会选订单/登记订单	选取订单。选择并确认			
		支付应付税(25%)	系统自动			
		支付长贷利息	系统自动			
		更新长贷/长贷还款	系统自动			
		申请长期贷款	输入贷款数额并确认			
1		季初盘点(请填余额)	系统自动			
2		更新短期贷款/短贷还本付息	系统自动			
3		申请短期贷款	输入贷款数额并确认			
4		原材料入库/更新原料订单	需要确认金额			
5		下原料订单	输入并确认			
6		购买/租用厂房	选择并确认			
7		更新生产/完工入库	完工下线、入库。系统自动			
8		新建/在建/转产/变卖生产线	选择并确认			
9		紧急采购(随时进行)	随时进行输入并确认			
10		开始下一批生产	选择并确认			
11		更新应收款/应收款收现	需要输入到期金额			
12		按订单交货	选择交货订单并确认			
13		产品研发投资	选择并确认			
14		厂房出售/退租/租转买	选择并确认(随时进行)			
15		新市场开拓/ISO 资格认证	仅第 4 季允许操作			
16		支付管理费	系统自动			
17		出售库存	输入并确认(随时进行)			
18		厂房贴现	输入并确认(随时进行)			
19		应收款贴现	输入并确认(随时进行)			
20		季末收入合计				
21		季末支出合计				
22		季末数额对账(1)+(20)-(21)				
年末		缴纳违约订单罚款(25%)	系统自动			
		支付设备维护费	系统自动			
		计提折旧结账	系统自动			( )
		年终结账				

表24 第1年企业经营记录表

企业(组别)_____ 岗位_____ 姓名_____ 时间_____

顺序	手工操作流程	系统操作	手工记录		
年初	新年度规划会议				
	广告投放	输入广告费，确认			
	参加订货会选订单/登记订单	选取订单。选择并确认			
	支付应付税(25%)	系统自动			
	支付长贷利息	系统自动			
	更新长贷/长贷还款	系统自动			
	申请长期贷款	输入贷款数额并确认			
1	季初盘点(请填余额)	系统自动			
2	更新短期贷款/短贷还本付息	系统自动			
3	申请短期贷款	输入贷款数额并确认			
4	原材料入库/更新原料订单	需要确认金额			
5	下原料订单	输入并确认			
6	购买/租用厂房	选择并确认			
7	更新生产/完工入库	完工下线、入库。系统自动			
8	新建/在建/转产/变卖生产线	选择并确认			
9	紧急采购(随时进行)	随时进行输入并确认			
10	开始下一批生产	选择并确认			
11	更新应收款/应收款收现	需要输入到期金额			
12	按订单交货	选择交货订单并确认			
13	产品研发投资	选择并确认			
14	厂房出售/退租/租转买	选择并确认(随时进行)			
15	新市场开拓/ISO资格认证	仅第4季允许操作			
16	支付管理费	系统自动			
17	出售库存	输入并确认(随时进行)			
18	厂房贴现	输入并确认(随时进行)			
19	应收款贴现	输入并确认(随时进行)			
20	季末收入合计				
21	季末支出合计				
22	季末数额对账(1)+(20)-(21)				
年末	缴纳违约订单罚款(25%)	系统自动			
	支付设备维护费	系统自动			
	计提折旧	系统自动			( )
	年终结账				

表 25　第 1 年产品核算统计表

项目	P1	P2	P3	P4	合计
数量					
销售额					
成本					
毛利					

表 26　第 1 年综合管理费用明细表

项目	金额
管理费	
广告费	
设备维护费	
损失	
转产费	
厂房租金	
新市场开拓	
ISO 资格认证	
产品研发	
信息费	
合计	

表 27　第 1 年利润表

项目	本年数
销售收入	
直接成本	
毛利	
综合费用	
折旧前利润	
折旧	
支付利息前利润	
财务收入/支出	
税前利润	
所得税	
净利润	

表 28　第 1 年资产负债表

资产	期初数	期末数	负债和所有者权益	期初数	期末数
流动资产:			负债:		
现金			银行长期贷款		
应收账款			银行短期贷款		
在制品			应纳税金		
成品					
原料					
流动资产合计			负债合计		
固定资产:			所有者权益:		
土地与建筑			股东资本		
机器与设备			利润留存		
在建工程			年度净利		
固定资产合计			所有者权益合计		
资产总计			负债和所有者权益总计		

三、年终总结

表29 第1年年终总结

经营数据	
成功经验	
存在的问题	
策略评价	
计划评价	
改进设想	

四、第2年年度经营

企业经营团队召开新年度规划会议，确立企业总体战略，制定本年度企业规划，制订各个职位策略计划等，并填写在表30~表37所示的表格中。

表30 第2年年度计划书

年度计划	
岗位规划	
业务策略	
计划落实措施	
计划落实记录	

表31 第2年询盘信息表

序号	权益	资金现金	生产线				在制				库存信息				市场					ISO认证		产品研发			
			P1	P2	P3	P4	柔性线	手工线	P1	P2	P3	P4	P1	P2	P3	P4	1	2	3	4	5	9k	14k	P1	P2	P3	P4
1																											
2																											
3																											
4																											
5																											
6																											
7																											
8																											
9																											
10																											
合计																											

表32　第 2 年企业经营记录表

企业(组别)_____　　岗位_____　　姓名_____　　时间_____

顺序	手工操作流程	系统操作	手工记录			
年初	新年度规划会议					
	广告投放	输入广告费，确认				
	参加订货会选订单/登记订单	选取订单。选择并确认				
	支付应付税(25%)	系统自动				
	支付长贷利息	系统自动				
	更新长贷/长贷还款	系统自动				
	申请长期贷款	输入贷款数额并确认				
1	季初盘点(请填余额)	系统自动				
2	更新短期贷款/短贷还本付息	系统自动				
3	申请短期贷款	输入贷款数额并确认				
4	原材料入库/更新原料订单	需要确认金额				
5	下原料订单	输入并确认				
6	购买/租用厂房	选择并确认				
7	更新生产/完工入库	完工下线、入库。系统自动				
8	新建/在建/转产/变卖生产线	选择并确认				
9	紧急采购(随时进行)	随时进行输入并确认				
10	开始下一批生产	选择并确认				
11	更新应收款/应收款收现	需要输入到期金额				
12	按订单交货	选择交货订单并确认				
13	产品研发投资	选择并确认				
14	厂房出售/退租/租转买	选择并确认(随时进行)				
15	新市场开拓/ISO资格认证	仅第4季允许操作				
16	支付管理费	系统自动				
17	出售库存	输入并确认(随时进行)				
18	厂房贴现	输入并确认(随时进行)				
19	应收款贴现	输入并确认(随时进行)				
20	季末收入合计					
21	季末支出合计					
22	季末数额对账(1)+(20)-(21)					
年末	缴纳违约订单罚款(25%)	系统自动				
	支付设备维护费	系统自动				
	计提折旧	系统自动				( )
	年终结账					

表33 第2年产品核算统计表

项目	P1	P2	P3	P4	合计
数量					
销售额					
成本					
毛利					

表34 第2年综合管理费用明细表

项目	金额
管理费	
广告费	
设备维护费	
损失	
转产费	
厂房租金	
新市场开拓	
ISO资格认证	
产品研发	
信息费	
合计	

表35 第2年利润表

项目	本年数
销售收入	
直接成本	
毛利	
综合费用	
折旧前利润	
折旧	
支付利息前利润	
财务收入/支出	
税前利润	
所得税	
净利润	

表36 第2年资产负债表

资产	期初数	期末数	负债和所有者权益	期初数	期末数
流动资产:			负债:		
现金			银行长期贷款		
应收账款			银行短期贷款		
在制品			应纳税金		
成品					
原料					
流动资产合计			负债合计		
固定资产:			所有者权益:		
土地与建筑			股东资本		
机器与设备			利润留存		
在建工程			年度净利		
固定资产合计			所有者权益合计		
资产总计			负债和所有者权益总计		

五、年终总结

表 37 第 2 年年终总结

经营数据	
成功经验	
存在的问题	
策略评价	
计划评价	
改进设想	

六、第 3 年年度经营

企业经营团队召开新年度规划会议，制定本年度企业规划，制订各个职位具体项目策略计划等，并填写在表 38~表 45 所示的表格中。

表38 第3年年度计划书

年度计划	
岗位策略	
业务策略	
计划落实措施	
计划落实记录	

表39 第3年询盘信息表

序号	权益	资金现金	生产线						在制				库存信息				市场开拓					ISO认证		产品研发			
			P1	P2	P3	P4	柔性线	手工线	P1	P2	P3	P4	P1	P2	P3	P4	1	2	3	4	5	9k	14k	P1	P2	P3	P4
1																											
2																											
3																											
4																											
5																											
6																											
7																											
8																											
9																											
10																											
合计																											

表40 第 3 年企业经营记录表

企业(组别)_____ 岗位_____ 姓名_____ 时间_____

顺序	手工操作流程	系统操作	手工记录		
年初	新年度规划会议				
	广告投放	输入广告费,确认			
	参加订货会选订单/登记订单	选取订单。选择并确认			
	支付应付税(25%)	系统自动			
	支付长贷利息	系统自动			
	更新长贷/长贷还款	系统自动			
	申请长期贷款	输入贷款数额并确认			
1	季初盘点(请填余额)	系统自动			
2	更新短期贷款/短贷还本付息	系统自动			
3	申请短期贷款	输入贷款数额并确认			
4	原材料入库/更新原料订单	需要确认金额			
5	下原料订单	输入并确认			
6	购买/租用厂房	选择并确认			
7	更新生产/完工入库	完工下线、入库。系统自动			
8	新建/在建/转产/变卖生产线	选择并确认			
9	紧急采购(随时进行)	随时进行输入并确认			
10	开始下一批生产	选择并确认			
11	更新应收款/应收款收现	需要输入到期金额			
12	按订单交货	选择交货订单并确认			
13	产品研发投资	选择并确认			
14	厂房出售/退租/租转买	选择并确认(随时进行)			
15	新市场开拓/ISO资格认证	仅第4季允许操作			
16	支付管理费	系统自动			
17	出售库存	输入并确认(随时进行)			
18	厂房贴现	输入并确认(随时进行)			
19	应收款贴现	输入并确认(随时进行)			
20	季末收入合计				
21	季末支出合计				
22	季末数额对账(1)+(20)-(21)				
年末	缴纳违约订单罚款(25%)	系统自动			
	支付设备维护费	系统自动			
	计提折旧	系统自动			( )
	年终结账				

表41　第3年产品核算统计表

项目	P1	P2	P3	P4	合计
数量					
销售额					
成本					
毛利					

表42　第3年综合管理费用明细表

项目	金额
管理费	
广告费	
设备维护费	
损失	
转产费	
厂房租金	
新市场开拓	
ISO资格认证	
产品研发	
信息费	
合计	

表43　第3年利润表

项目	本年数
销售收入	
直接成本	
毛利	
综合费用	
折旧前利润	
折旧	
支付利息前利润	
财务收入/支出	
税前利润	
所得税	
净利润	

表44　第3年资产负债表

资产	期初数	期末数	负债和所有者权益	期初数	期末数
流动资产：			负债：		
现金			银行长期贷款		
应收账款			银行短期贷款		
在制品			应纳税金		
成品					
原料					
流动资产合计			负债合计		
固定资产：			所有者权益：		
土地与建筑			股东资本		
机器与设备			利润留存		
在建工程			年度净利		
固定资产合计			所有者权益合计		
资产总计			负债和所有者权益总计		

七、年终总结

表45 第3年年终总结

经营数据	
成功经验	
存在的问题	
策略评价	
计划评价	
改进设想	

八、第4年年度经营

企业经营团队召开新年度规划会议，制定本年度企业规划，制订各个职位具体项目策略计划等，并填写在表46~表53所示的表格中。

表46 第4年年度计划书

年度计划	
岗位策略	
业务策略	
计划落实措施	
计划落实记录	

表47 第4年询盘信息表

序号	权益	资金		生产线					在制				库存信息				市场开拓					ISO认证		产品研发			
		现金	P1	P2	P3	P4	柔性线	手工线	P1	P2	P3	P4	P1	P2	P3	P4	1	2	3	4	5	9k	14k	P1	P2	P3	P4
1																											
2																											
3																											
4																											
5																											
6																											
7																											
8																											
9																											
10																											
合计																											

表48 第 4 年企业经营记录表

企业(组别)_____ 岗位_____ 姓名_____ 时间_____

顺序	手工操作流程	系统操作	手工记录			
年初	新年度规划会议					
	广告投放	输入广告费，确认				
	参加订货会选订单/登记订单	选取订单。选择并确认				
	支付应付税(25%)	系统自动				
	支付长贷利息	系统自动				
	更新长贷/长贷还款	系统自动				
	申请长期贷款	输入贷款数额并确认				
1	季初盘点(请填余额)	系统自动				
2	更新短期贷款/短贷还本付息	系统自动				
3	申请短期贷款	输入贷款数额并确认				
4	原材料入库/更新原料订单	需要确认金额				
5	下原料订单	输入并确认				
6	购买/租用厂房	选择并确认				
7	更新生产/完工入库	完工下线、入库。系统自动				
8	新建/在建/转产/变卖生产线	选择并确认				
9	紧急采购(随时进行)	随时进行输入并确认				
10	开始下一批生产	选择并确认				
11	更新应收款/应收款收现	需要输入到期金额				
12	按订单交货	选择交货订单并确认				
13	产品研发投资	选择并确认				
14	厂房出售/退租/租转买	选择并确认(随时进行)				
15	新市场开拓/ISO资格认证	仅第4季允许操作				
16	支付管理费	系统自动				
17	出售库存	输入并确认(随时进行)				
18	厂房贴现	输入并确认(随时进行)				
19	应收款贴现	输入并确认(随时进行)				
20	季末收入合计					
21	季末支出合计					
22	季末数额对账(1)+(20)-(21)					
年末	缴纳违约订单罚款(25%)	系统自动				
	支付设备维护费	系统自动				
	计提折旧	系统自动				( )
	结账					

表49 第4年产品核算统计表

项目	P1	P2	P3	P4	合计
数量					
销售额					
成本					
毛利					

表50 第4年综合管理费用明细表

项目	金额
管理费	
广告费	
设备维护费	
损失	
转产费	
厂房租金	
新市场开拓	
ISO资格认证	
产品研发	
信息费	
合计	

表51 第4年利润表

项目	本年数
销售收入	
直接成本	
毛利	
综合费用	
折旧前利润	
折旧	
支付利息前利润	
财务收入/支出	
税前利润	
所得税	
净利润	

表52 第4年资产负债表

资产	期初数	期末数	负债和所有者权益	期初数	期末数
流动资产:			负债:		
现金			银行长期贷款		
应收账款			银行短期贷款		
在制品			应纳税金		
成品					
原料					
流动资产合计			负债合计		
固定资产:			所有者权益:		
土地与建筑			股东资本		
机器与设备			利润留存		
在建工程			年度净利		
固定资产合计			所有者权益合计		
资产总计			负债和所有者权益总计		

九、年终总结

表53　第4年年终总结

经营数据	
成功经验	
存在的问题	
策略评价	
计划评价	
改进设想	

实训任务书 36

次轮自主模拟经营

经过一个轮次的虚拟企业经营全过程模拟,学生有了经验、丰富的感想、成功的喜悦、经营的遗憾。下面开展新一轮自主经营活动,让学生亲身实践,验证梦想,体现能力,展开竞争,一较高下。学生要积极学习,提升技术,默契配合,再次争锋。

完成本轮次企业的经营活动,并认真填写本轮任务所涉及的表。

一、创立企业

组建团队,成员分工,沟通协调,完成企业创立;研究制定企业发展战略,岗位规划。完成企业创建表(如表54所示)的填写。

表54 企业创建表

企业名称		组 别	
任职岗位		经营时间	
人员分工			
总 经 理		营销总监	
财务总监		营运总监	
企业理念			
企业目标			
企业战略			

登录电子沙盘系统,录入相关信息,完成企业创立。

二、第1年年度经营活动

企业经营团队召开新年度规划会议,制定本年度企业规划,制订各个职位具体项目策略计划等,并填写在表55~表62所示的表格中。

表 55　第 1 年年度计划书

年度计划	
岗位规划	
业务策略	
计划落实措施	
计划落实记录	

表56 第1年企业经营预算表

企业(组别)_____ 岗位_____ 姓名_____ 时间_____

顺序	手工操作流程	系统操作	手工记录		
年初	新年度规划会议				
	广告投放	输入广告费，确认			
	参加订货会选订单/登记订单	选取订单。选择并确认			
	支付应付税(25%)	系统自动			
	支付长贷利息	系统自动			
	更新长贷/长贷还款	系统自动			
	申请长期贷款	输入贷款数额并确认			
1	季初盘点(请填余额)	系统自动			
2	更新短期贷款/短贷还本付息	系统自动			
3	申请短期贷款	输入贷款数额并确认			
4	原材料入库/更新原料订单	需要确认金额			
5	下原料订单	输入并确认			
6	购买/租用厂房	选择并确认			
7	更新生产/完工入库	完工下线、入库。系统自动			
8	新建/在建/转产/变卖生产线	选择并确认			
9	紧急采购(随时进行)	随时进行输入并确认			
10	开始下一批生产	选择并确认			
11	更新应收款/应收款收现	需要输入到期金额			
12	按订单交货	选择交货订单并确认			
13	产品研发投资	选择并确认			
14	厂房出售/退租/租转买	选择并确认(随时进行)			
15	新市场开拓/ISO资格换证	仅第4季允许操作			
16	支付管理费	系统自动			
17	出售库存	输入并确认(随时进行)			
18	厂房贴现	输入并确认(随时进行)			
19	应收款贴现	输入并确认(随时进行)			
20	季末收入合计				
21	季末支出合计				
22	季末数额对账(1)+(20)-(21)				
年末	缴纳违约订单罚款(25%)	系统自动			
	支付设备维护费	系统自动			
	计提折旧	系统自动			( )
	年终结账				

表57 第 1 年企业经营记录表

企业(组别)_____ 岗位_____ 姓名_____ 时间_____

顺序	手工操作流程	系统操作	手工记录	
年初	新年度规划会议			
	广告投放	输入广告费，确认		
	参加订货会选订单/登记订单	选取订单。选择并确认		
	支付应付税(25%)	系统自动		
	支付长贷利息	系统自动		
	更新长贷/长贷还款	系统自动		
	申请长期贷款	输入贷款数额并确认		
1	季初盘点(请填余额)	系统自动		
2	更新短期贷款/短贷还本付息	系统自动		
3	申请短期贷款	输入贷款数额并确认		
4	原材料入库/更新原料订单	需要确认金额		
5	下原料订单	输入并确认		
6	购买/租用厂房	选择并确认		
7	更新生产/完工入库	完工下线、入库。系统自动		
8	新建/在建/转产/变卖生产线	选择并确认		
9	紧急采购(随时进行)	随时进行输入并确认		
10	开始下一批生产	选择并确认		
11	更新应收款/应收款收现	需要输入到期金额		
12	按订单交货	选择交货订单并确认		
13	产品研发投资	选择并确认		
14	厂房出售/退租/租转买	选择并确认(随时进行)		
15	新市场开拓/ISO 资格认证	仅第 4 季允许操作		
16	支付管理费	系统自动		
17	出售库存	输入并确认(随时进行)		
18	厂房贴现	输入并确认(随时进行)		
19	应收款贴现	输入并确认(随时进行)		
20	季末收入合计			
21	季末支出合计			
22	季末数额对账(1)+(20)-(21)			
年末	缴纳违约订单罚款(25%)	系统自动		
	支付设备维护费	系统自动		
	计提折旧	系统自动		( )
	年终结账			

表 58 第 1 年产品核算统计表

项目	P1	P2	P3	P4	合计
数量					
销售额					
成本					
毛利					

表 59 第 1 年综合管理费用明细表

项目	金额
管理费	
广告费	
设备维护费	
损失	
转产费	
厂房租金	
新市场开拓	
ISO 资格认证	
产品研发	
信息费	
合计	

表 60 第 1 年利润表

项目	本年数
销售收入	
直接成本	
毛利	
综合费用	
折旧前利润	
折旧	
支付利息前利润	
财务收入/支出	
税前利润	
所得税	
净利润	

表 61 第 1 年资产负债表

资产	期初数	期末数	负债和所有者权益	期初数	期末数
流动资产：			负债：		
现金			银行长期贷款		
应收账款			银行短期贷款		
在制品			应纳税金		
成品					
原料					
流动资产合计			负债合计		
固定资产：			所有者权益：		
土地与建筑			股东资本		
机器与设备			利润留存		
在建工程			年度净利		
固定资产合计			所有者权益合计		
资产总计			负债和所有者权益总计		

三、年终总结

表62　第1年年终总结

经营数据	
成功经验	
存在的问题	
策略评价	
计划评价	
改进设想	

四、第2年年度经营

企业经营团队召开新年度规划会议，确立企业总体战略，制定本年度企业规划，制订各个职位策略计划等，并填写在表63~表70所示的表格中。

表63　第2年年度计划书

年度计划	
岗位规划	
业务策略	
计划落实措施	
计划落实记录	

表64　第2年询盘信息表

序号	权益	资金现金	生产线								在制				库存信息				市场开拓					ISO认证		产品研发			
			P1	P2	P3	P4	柔性线	手工线			P1	P2	P3	P4	P1	P2	P3	P4	1	2	3	4	5	9k	14k	P1	P2	P3	P4
1																			P1										
2																													
3																													
4																													
5																													
6																													
7																													
8																													
9																													
10																													
合计																													

表65 第2年企业经营预算表

企业(组别)_____ 岗位_____ 姓名_____ 时间_____

顺序	手工操作流程	系统操作	手工记录
年初	新年度规划会议		
	广告投放	输入广告费,确认	
	参加订货会选订单/登记订单	选取订单。选择并确认	
	支付应付税(25%)	系统自动	
	支付长贷利息	系统自动	
	更新长贷/长贷还款	系统自动	
	申请长期贷款	输入贷款数额并确认	
1	季初盘点(请填余额)	系统自动	
2	更新短期贷款/短贷还本付息	系统自动	
3	申请短期贷款	输入贷款数额并确认	
4	原材料入库/更新原料订单	需要确认金额	
5	下原料订单	输入并确认	
6	购买/租用厂房	选择并确认	
7	更新生产/完工入库	完工下线、入库。系统自动	
8	新建/在建/转产/变卖生产线	选择并确认	
9	紧急采购(随时进行)	随时进行输入并确认	
10	开始下一批生产	选择并确认	
11	更新应收款/应收款收现	需要输入到期金额	
12	按订单交货	选择交货订单并确认	
13	产品研发投资	选择并确认	
14	厂房出售/退租/租转买	选择并确认(随时进行)	
15	新市场开拓/ISO资格认证	仅第4季允许操作	
16	支付管理费	系统自动	
17	出售库存	输入并确认(随时进行)	
18	厂房贴现	输入并确认(随时进行)	
19	应收款贴现	输入并确认(随时进行)	
20	季末收入合计		
21	季末支出合计		
22	季末数额对账(1)+(20)-(21)		
年末	缴纳违约订单罚款(25%)	系统自动	
	支付设备维护费	系统自动	
	计提折旧	系统自动	( )
	年终结账		

表66 第2年产品核算统计表

项目	P1	P2	P3	P4	合计
数量					
销售额					
成本					
毛利					

表67 第2年综合管理费用明细表

项目	金额
管理费	
广告费	
设备维护费	
损失	
转产费	
厂房租金	
新市场开拓	
ISO资格认证	
产品研发	
信息费	
合计	

表68 第2年利润表

项目	本年数
销售收入	
直接成本	
毛利	
综合费用	
折旧前利润	
折旧	
支付利息前利润	
财务收入/支出	
税前利润	
所得税	
净利润	

表69 第2年资产负债表

资产	期初数	期末数	负债和所有者权益	期初数	期末数
流动资产：			负债：		
现金			银行长期贷款		
应收账款			银行短期贷款		
在制品			应纳税金		
成品					
原料					
流动资产合计			负债合计		
固定资产：			所有者权益：		
土地与建筑			股东资本		
机器与设备			利润留存		
在建工程			年度净利		
固定资产合计			所有者权益合计		
资产总计			负债和所有者权益总计		

五、年终总结

表 70 第 2 年年终总结

经营数据	
成功经验	
存在的问题	
策略评价	
计划评价	
改进设想	

六、第 3 年年度经营

企业经营团队召开新年度规划会议,确立企业总体战略,制定本年度企业规划,制订各个职位策略计划等,并填写在表 71~表 78 所示的表格中。

表71 第3年年度计划书

年度计划	
岗位策略	
业务策略	
计划落实措施	
计划落实记录	

表72 第3年询盘信息表

序号	权益	资金现金	生产线					在制			库存信息			市场开拓				ISO认证		产品研发			
			P1	P2	P3	P4	柔性线	手工线	P1	P2	P3	P1	P2	P3	1	2	3	4	5	9k	14k	P1	P2	P3	P4
1																									
2																									
3																									
4																									
5																									
6																									
7																									
8																									
9																									
10																									
合计																									

表73 第 3 年企业经营记录表

企业(组别)_____ 岗位_____ 姓名_____ 时间_____

顺序	手工操作流程	系统操作	手工记录			
年初	新年度规划会议					
	广告投放	输入广告费，确认				
	参加订货会选订单/登记订单	选取订单。选择并确认				
	支付应付税(25%)	系统自动				
	支付长贷利息	系统自动				
	更新长贷/长贷还款	系统自动				
	申请长期贷款	输入贷款数额并确认				
1	季初盘点(请填余额)	系统自动				
2	更新短期贷款/短贷还本付息	系统自动				
3	申请短期贷款	输入贷款数额并确认				
4	原材料入库/更新原料订单	需要确认金额				
5	下原料订单	输入并确认				
6	购买/租用厂房	选择并确认				
7	更新生产/完工入库	完工下线、入库。系统自动				
8	新建/在建/转产/变卖生产线	选择并确认				
9	紧急采购(随时进行)	随时进行输入并确认				
10	开始下一批生产	选择并确认				
11	更新应收款/应收款收现	需要输入到期金额				
12	按订单交货	选择交货订单并确认				
13	产品研发投资	选择并确认				
14	厂房出售/退租/租转买	选择并确认(随时进行)				
15	新市场开拓/ISO资格认证	仅第4季允许操作				
16	支付管理费	系统自动				
17	出售库存	输入并确认(随时进行)				
18	厂房贴现	输入并确认(随时进行)				
19	应收款贴现	输入并确认(随时进行)				
20	季末收入合计					
21	季末支出合计					
22	季末数额对账(1)+(20)-(21)					
年末	缴纳违约订单罚款(25%)	系统自动				
	支付设备维护费	系统自动				
	计提折旧	系统自动				( )
	年终结账					

表 74 第 3 年产品核算统计表

项目	P1	P2	P3	P4	合计
数量					
销售额					
成本					
毛利					

表 75 第 3 年综合管理费用明细表

项目	金额
管理费	
广告费	
设备维护费	
损失	
转产费	
厂房租金	
新市场开拓	
ISO 资格认证	
产品研发	
信息费	
合计	

表 76 第 3 年利润表

项目	本年数
销售收入	
直接成本	
毛利	
综合费用	
折旧前利润	
折旧	
支付利息前利润	
财务收入/支出	
税前利润	
所得税	
净利润	

表 77 第 3 年资产负债表

资产	期初数	期末数	负债和所有者权益	期初数	期末数
流动资产：			负债：		
现金			银行长期贷款		
应收账款			银行短期贷款		
在制品			应纳税金		
成品					
原料					
流动资产合计			负债合计		
固定资产：			所有者权益：		
土地与建筑			股东资本		
机器与设备			利润留存		
在建工程			年度净利		
固定资产合计			所有者权益合计		
资产总计			负债和所有者权益总计		

七、年终总结

表 78　第 3 年年终总结

经营数据	
成功经验	
存在的问题	
策略评价	
计划评价	
改进设想	

八、第 4 年年度经营

企业经营团队召开新年度规划会议，确立企业总体战略，制定本年度企业规划，制订各个职位策略计划等，并填写在表 79~表 86 所示的表格中。

表79 第4年年度计划书

年度计划	
岗位策略	
业务策略	
计划落实措施	
计划落实记录	

表80 第4年询盘信息表

序号	权益	资金现金	生产线				在制				库存信息			市场开拓					ISO认证		产品研发			
			P1	P2	P3	P4	柔性线	手工线	P1	P2	P3	P4	P1	P2	P3	P4	1	2	3	4	5	9k	14k	P1	P2	P3	P4
1																											
2																											
3																											
4																											
5																											
6																											
7																											
8																											
9																											
10																											
合计																											

表81 第 4 年企业经营预算表

企业(组别)_____ 岗位_____ 姓名_____ 时间_____

顺序	手工操作流程	系统操作	手工记录
年初	新年度规划会议		
	广告投放	输入广告费，确认	
	参加订货会选单/登记订单	选取订单。选择并确认	
	支付应付税(25%)	系统自动	
	支付长贷利息	系统自动	
	更新长贷/长贷还款	系统自动	
	申请长期贷款	输入贷款数额并确认	
1	季初盘点(请填余额)	系统自动	
2	更新短期贷款/短贷还本付息	系统自动	
3	申请短期贷款	输入贷款数额并确认	
4	原材料入库/更新原料订单	需要确认金额	
5	下原料订单	输入并确认	
6	购买/租用厂房	选择并确认	
7	更新生产/完工入库	完工下线、入库。系统自动	
8	新建/在建/转产/变卖生产线	选择并确认	
9	紧急采购(随时进行)	随时进行输入并确认	
10	开始下一批生产	选择并确认	
11	更新应收款/应收款收现	需要输入到期金额	
12	按订单交货	选择交货订单并确认	
13	产品研发投资	选择并确认	
14	厂房出售/退租/租转买	选择并确认(随时进行)	
15	新市场开拓/ISO 资格认证	仅第 4 季允许操作	
16	支付管理费	系统自动	
17	出售库存	输入并确认(随时进行)	
18	厂房贴现	输入并确认(随时进行)	
19	应收款贴现	输入并确认(随时进行)	
20	季末收入合计		
21	季末支出合计		
22	季末数额对账(1)+(20)−(21)		
年末	缴纳违约订单罚款(25%)	系统自动	
	支付设备维护费	系统自动	
	计提折旧	系统自动	( )
	结账		

表82　第4年产品核算统计表

项目	P1	P2	P3	P4	合计
数量					
销售额					
成本					
毛利					

表83　第4年综合管理费用明细表

项目	金额
管理费	
广告费	
设备维护费	
损失	
转产费	
厂房租金	
新市场开拓	
ISO资格认证	
产品研发	
信息费	
合计	

表84　第4年利润表

项目	本年数
销售收入	
直接成本	
毛利	
综合费用	
折旧前利润	
折旧	
支付利息前利润	
财务收入/支出	
税前利润	
所得税	
净利润	

表85　第4年资产负债表

资产	期初数	期末数	负债和所有者权益	期初数	期末数
流动资产：			负债：		
现金			银行长期贷款		
应收账款			银行短期贷款		
在制品			应纳税金		
成品					
原料					
流动资产合计			负债合计		
固定资产：			所有者权益：		
土地与建筑			股东资本		
机器与设备			利润留存		
在建工程			年度净利		
固定资产合计			所有者权益合计		
资产总计			负债和所有者权益总计		

九、年终总结

表 86　第 4 年年终总结

经营数据	
成功经验	
存在的问题	
策略评价	
计划评价	
改进设想	

实训任务书 37

模拟企业经营实训报告

模拟企业经营实训报告书

班级系部		姓名学号	
企业所在		岗位职务	
理念企业		实训时间	

实训目的		
经营目标		
实训过程记录	第1年	
	第2年	
	第3年	
	第4年	
	本轮次总体情况	
实训个人小结与评价		
团队评价		
指导教师意见		

实训任务书 38

ERP 沙盘模拟企业经营实训成绩考核

将 ERP 沙盘模拟企业经营的成绩考核分为岗位职责考核、经营能力水平考核、研讨探究考核、实训报告书考核 4 个部分,并填写在表 87~表 90 所示的表格中。

1. 企业岗位职责职能考核(见表 87)

表 87　企业岗位职责考核表

职位	主要工作任务	考核内容及标准	第1年	第2年	第3年	第4年
营销主管	经营记录	台账正确、全面				
	市场预测分析开拓	销售计划与执行				
	广告投放	广告费合理				
	按订单交货	按时交货				
	应收款管理	及时收回货款				
生产主管	经营记录	台账正确、全面				
	生产计划与执行	计划完成保证交货				
	产能计算	计算准确无误				
	设备投资与新产品研发	把握时机				
	生产成本计算	核算正确				
供应主管	经营记录	台账正确、全面				
	采购计划	适配生产计划				
	采购计划的执行	及时、准确下订单				
	保证供应	保障生产				
	库存管理	库存合理、消化及时				
财务主管	经营记录	台账正确、全面、及时				
	资金预算与执行	预算科学、执行精准				
	融资管理	合理、适当				
	财务报告	正确、及时				
	费用计算	及时准确				
总经理	经营记录	台账正确、全面				
	企业目标的制定	目标妥当				
	目标的达成	达成一致				
	经营流程控制	经营过程流畅				
	团队管理	团结、和谐、高效				

2. 经营能力水平考核(见表88)

表88 模拟经营成绩考核表

企业编号_____ 岗位_____ 系部_____ 班级_____ 姓名_____ 时间_____

大项	考核项目	重点考查内容	分值	自评	团队	得分	备注
态度考评	积极性	高度热忱,主动完成,自主努力,认真努力	3				
	责任感	恪尽职守,不屈不挠,自始至终,不断改善	3				
	纪律性	遵守规定,表里如一,有序进行,自始至终	3				
	独立性	自我管理,自主判断,有理有据,自信解决	3				
	协调性	充分沟通,圆满协调,团结和谐,协助同事	3				
能力考评	经验知识水平	经验程度、认识水平、业务知识、社会常识	4				
	技能熟练程度	感知、识别能力,操作熟练,掌握方法	4				
	理解判断能力	充分理解,把握现状,把握本质,正确结论	4				
	改进创新能力	不断探索,独到见解,创新思考,灵活应用	4				
	策略计划能力	策略系统,计划合理,随机应变,提高效率	4				
业绩考评	工作质量	业务处理过程正确、标准,时效性高,完成的质量高	5				
	工作数量	岗位任务完成,达到标准,有效协助同事工作	5				
	研究创新	把握实质,具有技巧,创新发现	5				
	策略计划落实	准确分析,计划合理,落实到位,调整及时	5				
	沟通协调领导	有效沟通,圆满协调,正确指导,统帅全局	5				
合计	—	—	60				

3. 研讨探究考核(见表89)

表89 研讨考核表

考核项目	分值	自我评价	团队评分	综合得分
参与态度	1			
语言表达	1			
认知水平	1			
理解判断	1			
策略计划	1			
操作技能	2			
技巧应用	2			
创新能力	1			
合计	10			

4. 实训报告书考核(见表 90)

表 90　实训报告书考核

经营分析部分			收获感悟部分		
考核项目	分值	得分	考核项目	分值	得分
语言表达	2		语言表达	4	
认知水平	2		真情实感	4	
分析深度	2		收获深度	4	
专业知识应用	2		感悟深度	4	
创新能力	2		实质内容	4	
合计	10		合计	20	

参考文献

[1] 何晓岚. ERP沙盘模拟实用教程[M]. 北京：北京航空航天大学出版社，2011.
[2] 王新玲，等. ERP沙盘模拟高级指导教程[M]. 第二版. 北京：清华大学出版社，2009.
[3] 刘平. 管理综合实训——基于企业经营沙盘模拟对抗[M]. 北京：清华大学出版社，2011.
[4] 王新玲，等. ERP沙盘企业信息化综合实训[M]. 北京：清华大学出版社，2009.